国家自然科学基金面上项目资助(71472035)

经济管理学术文库·管理类

顾客价值共创行为的管理策略

Management Strategy of Customer Value
Co-creation Behaviors

赵晓煜　郜　蒙／著

图书在版编目（CIP）数据

顾客价值共创行为的管理策略/赵晓煜，郜蒙著. —北京：经济管理出版社，2018.12
ISBN 978-7-5096-6203-8

Ⅰ.①顾… Ⅱ.①赵… ②郜… Ⅲ.①企业管理—销售管理—研究 Ⅳ.①F274

中国版本图书馆 CIP 数据核字（2018）第 277265 号

组稿编辑：杨国强
责任编辑：杨国强　张瑞军
责任印制：黄章平
责任校对：王纪慧

出版发行：经济管理出版社
　　　　　（北京市海淀区北蜂窝 8 号中雅大厦 A 座 11 层　100038）
网　　址：www.E-mp.com.cn
电　　话：(010) 51915602
印　　刷：玉田县昊达印刷有限公司
经　　销：新华书店
开　　本：720mm×1000mm/16
印　　张：12.75
字　　数：202 千字
版　　次：2018 年 12 月第 1 版　2018 年 12 月第 1 次印刷
书　　号：ISBN 978-7-5096-6203-8
定　　价：68.00 元

·版权所有　翻印必究·

凡购本社图书，如有印装错误，由本社读者服务部负责调换。
联系地址：北京阜外月坛北小街 2 号
电话：(010) 68022974　　邮编：100836

前　言

随着体验经济时代的到来，价值交换过程中各类参与者的价值角色正在发生改变，顾客不再是纯粹的价值消耗者，而是成为与生产者互动的价值共创者。他们正在改变自己"被动接受者"的角色，更为积极、主动地按照自己的意愿和方式投入到产品或服务的价值共创中。顾客参与价值共创的领域和范围非常广泛，既可以体现在研发、生产、营销等价值链的不同环节，也可以体现在运作层、管理层和决策层等不同的管理层面。近年来，价值共创作为一种新的价值创造现象受到学界和业界的高度关注，并对企业的经营理念和管理策略产生了深远的影响。

虽然人们已经对顾客参与价值共创的意义和作用达成共识，但学界针对顾客价值共创的研究主要集中于价值共创的概念内涵、维度构成、参与动机和作用效果等方面，而对于"如何有效管理顾客价值共创行为"这一重要理论问题的研究却相对不足。同时，企业对价值共创活动的管理仍然存在一定的盲目性、随意性和松散性，对顾客资源的开发和利用尚不充分。因此，有必要从价值共创的实际需要出发，深入探讨顾客价值共创行为的管理策略，建立全面系统、行之有效的管理体系，从而实现对顾客价值共创行为的高效管理和有效控制。

本书从价值共创视角出发，将顾客视为企业的"兼职员工"和"价值共创者"，将其纳入企业的人力资源管理体系中。借鉴企业人力资源管理核心职能的划分方法，基于对顾客价值共创行为及角色的分析，从选人、育人、用人等角度，对顾客筛选、顾客培训和顾客激励等理论问题进行了深入的理论分析和实证研究，并提出了相关的管理策略。企业通过对顾客价值共创行为的有效管理，能够与顾客建立一体化、紧耦合的合作关系，实现对顾客资源的有效开发和利用，提升价值共创活动的目的性、组织性和整体性。

本书共包括九章。第一章对价值共创的背景、本质、过程和内容进行了介绍，提出了本书的研究框架；第二章分析并检验了外部顾客的内部化对顾客价值共创行为的影响；第三章从合作创新、合作生产和合作营销的视角，对顾客在价值共创中的任务角色和行为特征进行了分析，提出了网络创新社区中领先用户的识别方法；第四章探讨了面向顾客的组织社会化对顾客价值共创行为的影响，提出了顾客组织社会化的具体策略；第五章探讨了企业的顾客支持策略对顾客价值共创行为的影响；第六章分析了企业的沟通策略与顾客价值共创行为的关系，提出企业应综合运用价值提升沟通策略和成本降低沟通策略来提升顾客的价值共创意愿；第七章对顾客参与价值共创的动机和激励问题进行了研究；第八章分析并验证了顾客间互动对顾客价值共创行为的促进作用；第九章为结束语，对本书的研究内容和主要结论进行了归纳和总结。

本书的研究成果不仅可以为企业有效运用各种管理策略来引导和优化顾客价值共创行为提供理论依据，同时，也为管理者更好地规划、组织、实施和评估顾客价值共创管理活动提供实践层面的启示及借鉴。本书的研究是在国家自然科学基金面上项目——"服务交互中顾客价值共创行为的管理策略研究——人力资源管理的视角"的资助下完成的，课题组成员计迎春、王婷婷、韩紧紧、张鑫、郭鑫、刘希峰、耿雪莲、邰蒙、田梦晴等为本书的出版做出了贡献。同时，在本书的出版过程中，得到了经济管理

前 言

出版社编审人员的大力支持,他们亲切而严谨的工作态度和工作作风,给我们留下了极其深刻的印象。在此,向所有为本书出版付出辛勤劳动的朋友表示最诚挚的谢意。

作 者

2018 年 11 月

目　录

第一章　顾客价值共创行为及其管理策略 ……………………… 1

　第一节　顾客参与价值共创的现实背景及管理挑战 …………… 1

　第二节　顾客参与价值共创的本质 ……………………………… 4

　第三节　企业管理顾客价值共创的过程和内容 ………………… 7

　　一、价值共创的管理过程 ……………………………………… 7

　　二、顾客价值共创行为管理的具体内容 ……………………… 8

　本章案例　顾客参与价值共创的典型实例 …………………… 10

第二章　以价值共创为导向的顾客内部化 ……………………… 15

　第一节　本章的研究意义及主要内容 ………………………… 15

　第二节　相关文献综述 ………………………………………… 16

　　一、顾客内部化的内涵和外延 ………………………………… 16

　　二、个人—组织匹配与顾客—组织匹配 ……………………… 18

　第三节　理论模型和研究假设 ………………………………… 20

　　一、理论模型 …………………………………………………… 20

　　二、顾客内部化对顾客—组织匹配和顾客价值共创行为的

　　　　影响 ………………………………………………………… 21

　　　　三、顾客—组织匹配的中介作用 …………………………………… 23

　第四节　研究设计与数据分析 …………………………………………… 24

　　　　一、被试选取及数据收集 …………………………………………… 24

　　　　二、测量模型的检验 ………………………………………………… 26

　　　　三、结构模型及中介效应的检验 …………………………………… 27

　第五节　结论与启示 ……………………………………………………… 29

　本章案例　星巴克与顾客共同创造价值 ………………………………… 31

第三章　顾客在价值共创中的角色及特征 …………………………… 35

　第一节　本章的研究意义及主要内容 …………………………………… 35

　第二节　相关文献综述 …………………………………………………… 37

　　　　一、顾客在价值共创中的行为和角色 ……………………………… 37

　　　　二、领先用户的相关研究 …………………………………………… 39

　第三节　领先用户在价值共创中的角色 ………………………………… 41

　　　　一、领先用户的合作创新者角色 …………………………………… 41

　　　　二、领先用户的合作生产者角色 …………………………………… 43

　　　　三、领先用户的合作营销者角色 …………………………………… 44

　第四节　价值共创视角下领先用户的特征 ……………………………… 46

　　　　一、领先用户特征初始量表的形成 ………………………………… 46

　　　　二、量表的纯化与检验 ……………………………………………… 47

　第五节　领先用户角色与特征的对应关系 ……………………………… 50

　第六节　协同创新社区中领先用户的自动识别方法 …………………… 52

　　　　一、基于内容分析的领先用户识别方法 …………………………… 52

　　　　二、创新社区中领先用户的评价指标和识别方法 ………………… 53

　　　　三、方法有效性的检验 ……………………………………………… 58

第七节　结论与启示 …………………………………… 59
　　本章案例　小米社区让用户参与管理 ………………………… 61

第四章　面向价值共创的顾客组织社会化策略 ……………… 65

　第一节　本章的研究意义及主要内容 ……………………… 65
　第二节　从顾客教育到面向顾客的组织社会化 …………… 66
　　一、顾客教育的内涵和外延 …………………………… 66
　　二、社会化与面向顾客的组织社会化 ………………… 68
　第三节　理论模型和研究假设 ……………………………… 70
　　一、面向顾客的组织社会化与顾客价值共创行为 …… 71
　　二、面向顾客的组织社会化与顾客的组织认同感、自我
　　　　效能感和利得感 …………………………………… 72
　　三、组织认同感、自我效能感、利得感与顾客价值
　　　　共创行为 …………………………………………… 74
　第四节　研究设计与数据分析 ……………………………… 74
　　一、概念测量和数据收集 ……………………………… 74
　　二、测量模型的检验 …………………………………… 77
　　三、结构模型和中介效应的检验 ……………………… 78
　第五节　结论与启示 ………………………………………… 80
　　一、研究的理论分析 …………………………………… 80
　　二、研究的实践启示 …………………………………… 81
　本章案例　保险行业的顾客教育与顾客社会化 ……………… 83

第五章　面向价值共创的顾客支持策略 ……………………… 87

　第一节　本章的研究意义及主要内容 ……………………… 87

第二节 相关文献述评 ……………………………………… 88
 一、社会支持理论及其在管理研究中的应用 …………… 88
 二、关系承诺的研究述评 ………………………………… 89
 三、顾客合作行为的研究述评 …………………………… 91

第三节 理论模型和研究假设 ……………………………… 92
 一、功能性支持对关系承诺的影响 ……………………… 93
 二、情感性支持对关系承诺的影响 ……………………… 94
 三、关系承诺对顾客合作行为的影响 …………………… 96

第四节 研究设计与数据分析 ……………………………… 97
 一、概念测量和数据收集 ………………………………… 97
 二、测量模型的检验 ……………………………………… 99
 三、结构模型的检验 ……………………………………… 102
 四、中介效应检验 ………………………………………… 103

第五节 结论与启示 ………………………………………… 104
 一、研究的理论分析 ……………………………………… 104
 二、研究的实践启示 ……………………………………… 105

本章案例 宝钢集团通过 EVI 模式与客户共创价值 …………… 106

第六章 面向价值共创的企业沟通策略 …………………… 109

第一节 本章的研究意义及主要内容 ……………………… 109
第二节 相关文献述评 ……………………………………… 110
第三节 理论模型和研究假设 ……………………………… 112
 一、变量定义 ……………………………………………… 112
 二、理论模型与研究假设 ………………………………… 113

第四节　实验设计与实施 …………………………………… 117
　　　　一、实验设计思路 ………………………………………… 117
　　　　二、实验刺激的设计和检验 ……………………………… 118
　　　　三、正式实验流程设计与实施 …………………………… 121
　　　　四、实验数据分析 ………………………………………… 121
　　第五节　结论与启示 ………………………………………… 125
　　　　一、研究结论 ……………………………………………… 125
　　　　二、顾客沟通策略的制定 ………………………………… 126

第七章　顾客参与价值共创的动机分析及激励机制 ……………… 129
　　第一节　本章的研究意义及主要内容 ……………………… 129
　　第二节　动机与激励的相关概念及理论 …………………… 130
　　第三节　理论模型和研究假设 ……………………………… 132
　　　　一、理论模型 ……………………………………………… 132
　　　　二、研究假设 ……………………………………………… 133
　　第四节　研究设计与数据分析 ……………………………… 137
　　　　一、虚拟品牌社区领先用户的识别 ……………………… 137
　　　　二、问卷设计与数据收集 ………………………………… 139
　　　　三、测量模型的检验 ……………………………………… 139
　　　　四、结构模型的检验 ……………………………………… 142
　　第五节　结论与启示 ………………………………………… 143
　　本章案例　UGC 内容平台如何激励用户创造有价值的内容 ……… 146

第八章　价值共创中的顾客间互动及其管理策略 ………………… 149
　　第一节　本章的研究意义及主要内容 ……………………… 149

第二节　相关文献综述 …………………………………… 150
　　　　一、顾客间互动的概念内涵和维度构成 ………………… 150
　　　　二、顾客间互动的相关理论 ……………………………… 152
　　第三节　理论模型和研究假设 …………………………… 155
　　　　一、理论模型 ……………………………………………… 155
　　　　二、价值共创中的顾客间互动与顾客价值共创意愿 …… 155
　　　　三、价值共创中的顾客间互动、自我效能感与顾客价值
　　　　　　共创意愿 ………………………………………………… 157
　　　　四、价值共创中的顾客间互动、社会归属感与顾客价值
　　　　　　共创意愿 ………………………………………………… 158
　　第四节　研究设计与数据分析 …………………………… 159
　　　　一、问卷设计与数据收集 ………………………………… 159
　　　　二、测量模型的检验 ……………………………………… 160
　　　　三、结构模型的检验 ……………………………………… 161
　　　　四、中介效应的检验 ……………………………………… 162
　　第五节　结论与启示 ……………………………………… 164
　　本章案例　万科物业引导业主共同打造美好社区 ………… 165

第九章　结束语 …………………………………………… 169

参考文献 …………………………………………………… 173

第一章
顾客价值共创行为及其管理策略

第一节 顾客参与价值共创的现实背景及管理挑战

价值创造是企业管理中的核心问题。传统观点认为,生产者通过提供产品或服务成为价值创造者,消费者则通过购买和使用产品成为价值消耗者。价值共创理论对传统的价值创造观念提出了挑战,该理论指出:随着市场和竞争环境的变化,交换过程中各类参与者的价值角色正在发生改变,消费者不再是纯粹的价值消耗者,而是成为与生产者互动的价值共创者(Prahalad,2004)。他们正在改变自己"被动接受者"的角色,更为积极、主动地按照自己的意愿和方式投入到产品或服务的价值共创中。近年来,价值共创作为一种新的价值创造现象受到学界和业界的高度关注,并对企业的经营理念和管理策略产生了深远的影响(Grönroos,2013)。

随着体验经济时代的到来,价值的生产和交付过程越来越离不开顾客的积极参与。顾客通过投入自身的资源(如时间、体力、金钱和情感等)

和运用自己的能力（如知识、技能和经验等），为价值的生产和交付做出了贡献。因此，顾客被认为是企业的"合作生产者"和"价值共创者"。例如，在研发过程中，顾客能够提出产品创意、参加产品设计和参与产品测评，成为企业的"合作创新者"；在生产过程中，顾客可以根据自身需求确定产品配置、承担部分生产或服务任务，成为企业的"合作生产者"；在营销过程中，顾客可以参与制定营销方案、传播营销信息，成为企业的"合作营销者"（Agrawal，2015）。可见，顾客通过参与企业的各项经营和管理活动，在价值创造的过程中发挥着日益重要的作用。

随着社会和经济的飞速发展，新产品、新服务不断涌现，其产品特性和交付方式也发生了显著的改变。产品和服务中的知识及技术含量正在逐渐增加，其复杂性和新颖性不断提升，顾客在获得更多产品利益的同时，也必须面对更高的认知障碍和学习成本，需要投入更多的体力、智力和情感资源（Aarikka-Stenroos，2012）。同时，产品和服务的交付方式也在发生革命性的改变，传统以人际互动为主要特征的价值交付方式正在逐渐被技术手段所取代，企业与顾客的沟通渠道也从面对面的现场交互转变为通过各种新型的社交媒体（如网络社区、社交网站、博客、微博、微信等）来完成（Jarvenpaa，2013）。

消费环境的显著变化对参与价值共创的顾客提出了更高的要求，顾客能否高效地参与价值共创取决于一些前提条件（黄敏学，2012）。首先，顾客必须清晰地知道自己在价值共创中所扮演的"角色"和需要承担的责任，并按照适当的"规范"和"流程"表现出恰当的价值共创行为；其次，顾客必须具备相关的知识和能力，使其可以胜任价值共创的要求（例如，顾客为了使用网上银行等在线金融服务，需要具备网络安全知识和计算机操作技能）；最后，顾客需要明确自身的合作和共创行为能够带来哪些效用及利益，从而激发其内在的参与动机，进而表现出积极的参与意愿和参与行为。因此，对于企业来说，能否选择合适的顾客参与价值共创，提升其参与价值共创的意愿和能力，是影响其价值生产和价值交付绩效的关键因素（汪涛，2011）。

通过上述分析可以看出：面对经营环境的巨大改变，企业对顾客价值共创行为的态度应该由"被动地接受"转变为"主动地管理"，应根据所处行业的具体特点建立全面系统、行之有效的顾客价值共创行为管理体系和管理策略，从而实现对顾客价值共创行为的引导、规范、优化和控制。服务营销领域的知名学者Bowen（1986）在如何管理顾客合作行为方面进行了开拓性的研究，他指出：顾客是企业运营系统的重要组成部分，是能够提升企业价值创造能力的外部人力资源，因此，企业不仅要重视对内部员工的管理，还有必要将宝贵的顾客资源纳入企业的人力资源管理体系中，通过建立科学化、规范化的顾客价值共创管理体系提升价值共创的绩效。

价值共创是指顾客与企业及其员工相互合作，通过投入自身所掌握的资源和具备的能力，以达成消费目标、共创消费体验的行为过程。近年来，顾客价值共创行为一直是营销领域的研究热点，产生了相当丰富的研究成果（Mustak，2013；武文珍，2012）。通过对现有研究的归纳和总结可以发现，相关成果主要集中在对顾客价值共创行为的概念内涵、维度构成、参与动机和作用效果等方面的研究上（Yi，2013；Zolfaghariana，2013），但对于"如何有效管理顾客价值共创行为"这一重要理论问题的研究却相对不足，是价值共创研究中的一个理论缺口，具有重要的研究意义和广阔的研究空间。

本书从企业及管理者的视角出发，将顾客视为服务企业的"兼职员工"和"价值共创者"，将其纳入企业的人力资源管理体系中。借鉴企业人力资源管理核心职能的划分方法，从顾客价值共创行为分析、合作顾客的识别与优选、顾客社会化与顾客教育、顾客动机分析与激励、顾客支持与关系维系等角度探讨顾客价值共创行为的管理策略。本书的研究目标可以概括为以下三点:

(1) 建立系统化的顾客价值共创行为管理体系。

(2) 研究各类管理策略对顾客价值共创行为的作用效果和作用机制,通过概念维度化、引入中介变量和调节变量等方式,建立能够细致刻画上述概念关系的理论模型并加以实证检验,进而深化对此类问题的理论认识。

(3) 根据理论研究的结果,结合典型行业的管理实际,归纳和总结顾客价值共创行为的管理现状、管理经验和存在问题,形成可以直接应用的管理策略和管理方案,为更好地管理顾客价值共创行为提供实践指引。

第二节 顾客参与价值共创的本质

在工业经济时代,有形产品被认为是国民财富的主要来源,服务则被视为生产和制造的从属及次要因素,这就是所谓的产品主导逻辑 (Goods Dominant Logic)。然而,在服务经济的背景下,许多企业的产出不再仅仅是单纯的产品或服务,而是将两者相互融合而形成的"产品—服务包"。因此,明确区分产品与服务已经变得非常困难。在这种情况下,Vargo 和 Lusch 于 2004 年在国际顶级营销学术期刊 *Journal of Marketing* 上发表了题为 "Evolving to a new dominant logic for marketing" 的论文,提出了全新的服务主导逻辑 (Service Dominant Logic),并基于该逻辑重新审视产品和服务的关系,进而思考经济交换和价值创造中的核心问题。

产品主导逻辑认为,生产者通过一系列的生产活动将价值植入产品实现增值，进而通过市场交换将产品销售给顾客。顾客通过购买和使用最终产品来满足自身需求，完成价值消耗。因此，产品主导逻辑将顾客排除在价值创造过程之外，将其视为"价值消耗者"。而服务主导逻辑则把价值创造看作一个连续过程，认为顾客与价值网络中的其他关联主体共同完成价值创造。无论是直接服务提供者，还是以产品为载体的间接服务提供者，提供服务只是价值共创过程中的一个环节，价值共创不会随着这一环节的结束而终止。接受服务的顾客会利用自己的操作性资源（知识和技能）来体验和感受服务价值，并最终实现服务的使用价值（Value in Use）。服务主导逻辑将顾客视为一种作用于对象性资源的操作性资源，并且由他们最终完成价值创造过程（Hoyer，2010；Halbesleben，2013）。

服务主导逻辑还解释了以顾客为代表的受益人对价值实现的影响，并提出了"价值总是由受益者独特地用现象学方法来决定"这样的基本命题，这里的价值是指使用价值。使用价值是顾客的主观感知价值，具有体验性和情境依赖性，因此，也有学者用情境价值（Value in Context）替代使用价值的说法。服务主导逻辑指出：企业无法单独创造价值而只能根据顾客需求提出价值主张，并对顾客参与价值共创的行为加以引导。而且，企业应当充分整合自身和合作伙伴的资源，设法摆脱企业内外部各种约束因素的束缚，与合作伙伴进行沟通和对话，共同提出价值主张，共同构建价值网络，为最终实现服务的使用价值创造条件。

基于服务主导逻辑的相关理论，可以将价值共创视为企业与顾客超越传统的交易关系，突破传统意义上各自的任务"边界"，互相介入到对方的价值创造过程中，从而实现双方在资源、能力和行为等方面的融合与协同，进而更好地满足顾客需求和提升企业绩效。具体来说，企业应该改变封闭式的价值创造方式，将研发、生产、营销、销售等与满足顾客需求有关的价值环节开放给顾客，与顾客进行更为充分的沟通和互动，使顾客可以将自己的知识、技能和经验运用到价值创造过程中；同时，企业应站在顾客的视角，对顾客的需求、问题、痛点以及关注的利益和价值进行深入的挖掘及分析，形成更为强大的需求洞察力，在此基础上，不断以产品和服务为载体，提升顾客在购买和使用产品或服务过程中收获的整体价值，降低为获取这些价值而付出的综合成本，进而增加顾客的"获得感"。企业与顾客间的交易型关系和价值共创型关系分别如图1-1和图1-2所示。

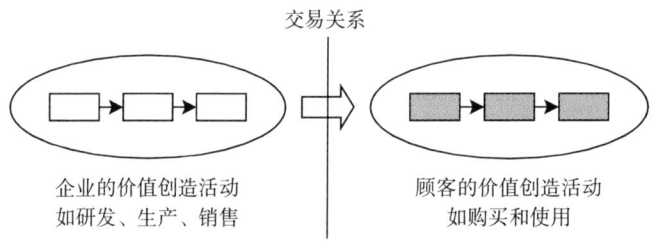

图1-1 企业与顾客间的交易型关系

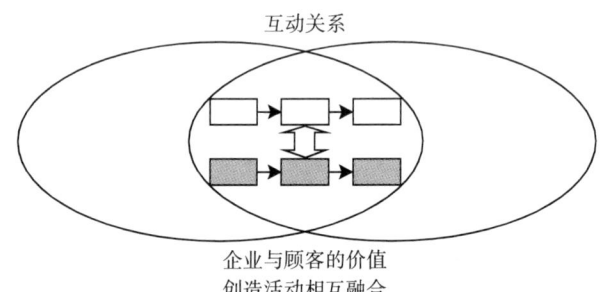

图1-2 企业与顾客间的价值共创型关系

第三节　企业管理顾客价值共创的过程和内容

一、价值共创的管理过程

尽管价值共创是企业与顾客共同完成的,但在价值共创的过程中企业通常起主导作用,需要承担对价值共创进行规划、组织和实施的责任,以保证价值共创获得良好的效果,实现企业与顾客的"双赢"。具体来说,对价值共创的管理过程应该包括以下几个步骤:

(1)明确定义价值共创的目标和范围,配置相应的管理资源。价值共创的领域和范围非常广泛,既可以体现在研发、生产、营销等价值链的不同环节,也可以体现在运作层、管理层和决策层等不同的管理层面。因此,企业必须结合市场需求和自身的管理实际而合理选择价值共创的范围,制定价值共创的目标,并以此建立组织架构、搭建共创环境/平台、制定共创流程、配置共创资源。例如,宝洁公司针对企业内部研发体系效率低下的问题,积极推进研发和创新领域的价值共创,变封闭式创新为开放式创新,通过建立"联发网"将包括顾客在内的外部创新资源整合到企业的创新体系中,有效提升了企业的创新效率。可见,这种针对企业自身的实际问题和管理需求有目的、有计划进行的价值共创活动往往会产生更好的效果。

(2)确定适合参与价值共创的顾客群体,吸引并激励他们参与价值共创。顾客参与价值共创的意愿和能力存在很大差别,因此,企业有必要根据价值共创活动的目标和范围选择合适的顾客参与价值共创。为此,企业应该对顾客在各类价值共创活动中需要承担的任务和角色,需要具备的知识、经验和能力等进行分析,并以此作为选择顾客的依据。此外,企业还需要制定有效的激励措施,吸引和鼓励"优质顾客"参与价值共创,这也会对其他顾客参与价值共创起到引领和带动作用。

(3)对参与价值共创的顾客进行适当的培训和支持,提升其价值共创能力。为了使顾客更好地参与价值共创,企业有必要通过顾客教育和顾客社会化使顾客了解价值共创的内容和目标,明确企业和顾客在价值共创中各自承担的角色和任务,掌握参与价值共创所需的知识和技能。也就是说,企业不仅要重视和加强对内部员工的培训和开发,还需要对参与价值共创的外部顾客进行适当的教育和引导,使其更好地胜任并参与价值共创活动。

(4)推进和实施价值共创。在实施价值共创的过程中,应密切关注和评估价值共创活动的进程和效果,及时发现实施过程中出现的各种问题并加以有效的应对和解决,逐步对价值共创管理策略加以完善和优化,探索并构建与经营环境、顾客需求、企业自身资源及能力相匹配的价值共创模式。

二、顾客价值共创行为管理的具体内容

通过上述分析可以看出,顾客已经成为价值生产中必不可少的要素之一,被认为是企业的"兼职员工"和价值的"共同创造者"。Zeithaml(1981)等指出,在传统的经营环境下,企业将工作重点更多地放在对内部员工的组织和管理上,却对价值生产和交付中的顾客行为缺乏有效的引导和干预。但是,顾客的价值共创行为已经成为决定消费体验的关键因素,因此,加强对企业的"外部员工"——顾客的选拔、培训、支持、沟通和激励,使其了解和认同企业的理念、目标、产品、流程和规范,明确自己应该承担的角色以及需要具备的能力,掌握与企业员工和其他顾客的

互动技巧，从而更好地参与价值的创造与传递，成为企业管理中重要的理论和实践问题。

近年来，关于服务价值共创的研究成果非常丰富，在对相关成果进行综述时有必要根据本书的研究框架和研究内容对其加以组织及整理。本书站在企业和管理者的视角，思考如何对顾客价值共创行为进行系统化的有效管理，其核心的研究思想是：①顾客是价值的共同创造者，是企业的"兼职员工"，是企业人力资源的重要组成部分；②应用人力资源管理的理论和方法，提出系统化的顾客价值共创行为管理策略。因此，本书考虑将人力资源管理的核心职能映射到顾客价值共创行为的管理过程中，并据此确定具体的研究主题和研究内容。

人力资源管理是以企业的内部员工为主要的管理对象，通过员工的招聘与配置、测试与甄选、培训与开发、薪酬与激励等具体的管理活动，最终达成企业的发展目标。在价值的创造过程中，顾客被视为企业人力资源的重要组成部分，因此，主要的人力资源管理职能和管理活动在面向顾客价值共创行为的管理实践中也应得到相应体现。作为企业管理者，应该在对顾客价值共创行为进行分析和测量的基础上，吸引、教育、激励和支持那些符合要求的顾客，以正确的方式和积极的态度参与到价值共创的过程中。图1-3从人力资源管理的视角，描述了顾客价值共创行为管理策略的具体内容。

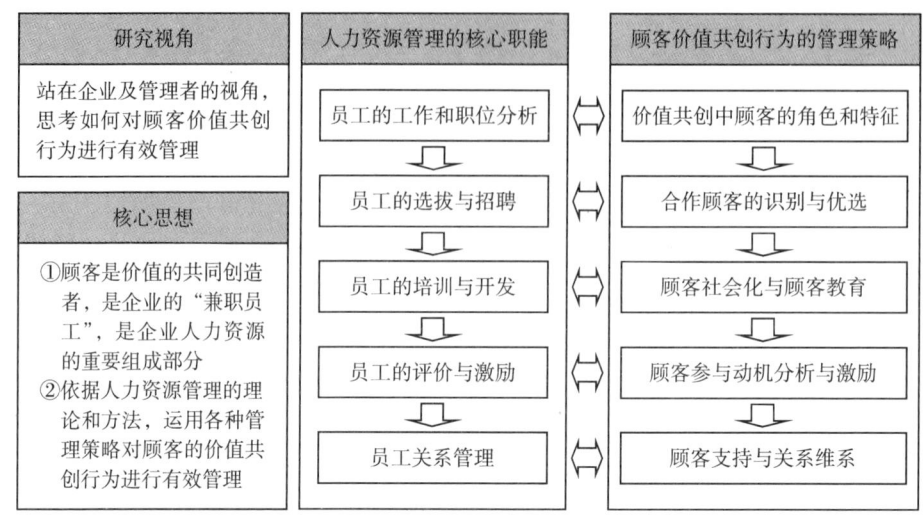

图1-3 顾客价值共创行为管理策略的主要内容——人力资源管理的视角

本章案例

顾客参与价值共创的典型实例

1. 顾客参与创新——小米"粉丝"参与新产品开发

在传统的新产品开发流程中,企业由营销部门通过市场调查、消费者访谈等方式获取顾客需求,或者由客服部门收集用户意见,整理后提交给产品经理或管理层,整个流程推进时间较长,创新效率较为低下。我国知名的智能手机厂商——小米公司自2010年3月成立起,就积极鼓励和支持顾客参与公司的新产品开发过程,借助小米忠实用户——"米粉"的力量打造出具有"极致"用户体验的手机产品,取得了令人瞩目的市场地位和经营业绩。

小米用户关系的指导思想是"构建参与感、与用户做朋友"。构建参与感，就是把做产品、做服务、做品牌、做销售的过程开放，让用户参与进来，建立一个可触碰、可拥有，与用户共同成长的品牌。MIUI是小米第一个真正意义上的产品，为了让用户深入参与到产品研发过程中，MIUI的开发团队设计了"橙色星期五"的互联网开发模式，即每周五下午发布MIUI的最新版本。随后，会在下周二让用户提交使用过后的四格体验报告。通过四格体验报告，汇总出用户最喜欢哪些功能，觉得哪些功能需要改进，最期待哪些功能。除了工程代码的编写部分，其他的如产品需求、测试和发布等环节都开放给用户。这种方式使公司和用户实现"双赢"，公司根据用户反馈不断完善产品，用户也获得了自己想要的产品功能。

同时，小米在内部建立了一套依靠用户反馈改进产品的完整系统，鼓励研发部门通过各种渠道直接与用户接触，对于典型的用户需求和用户问题，要求开发人员和开发团队必须及时加以关注和处理。通过这种方式，小米手机的用户群从专业发烧友向普通用户不断扩散，形成了庞大的"米粉"群体。小米手机采用了与传统公司截然不同的"互联网众包"研发模式，即将手机拆解成若干功能模块，每个模块都由一组研发工程师负责，这些工程师通过小米论坛、微博等社交媒体直接与粉丝互动，从用户那里获得反馈信息，进而快速对产品做出优化和改进。

2. 顾客参与生产——宜家鼓励顾客"自助式"组装家具

宜家家居（IKEA）是全球知名的家具和家居用品零售商，由瑞典人英格瓦·坎普拉德（Ingvar Kamprad）创立于1943年，其产品包括座椅沙发、卧室家具、厨房家具、储物家具、儿童家具、办公家具、照明产品、炊具产品和纺织品等。1956年，坎普拉德注意到一些家具送货员为了使车辆能够装运更多的家具，会先行拆卸家具上较为占用空间的部件（如桌子的桌腿），送货后再为顾客进行组装。受此启发，他产生了让用户自己组装家具的想法，以便有效降低家具的生产和运输成本。

顾客在宜家家居购买家具后，需要将家具自行运送回家并进行组装。宜家采用的"平板包装"方式为顾客搬运产品提供了方便，同时，宜家为所有家具都配备了详尽的安装说明书，顾客可以按照说明书较为轻松地完成对家具的组装。这种顾客自行运送、安装的方式使宜家显著地降低了成本，使其可以为商品设定较低的价格来回馈消费者。虽然这种"自助模式"占用了顾客的时间和精力，但也使得顾客在获得"优质低价"商品的同时获得了参与的乐趣。由于投入了更多的劳动和情感，顾客对自己亲手组装的家具也会更加喜爱，这就是所谓的"宜家效应"（IKEA Effect）。此外，宜家鼓励顾客亲身体验各种商品，在卖场开放、自由的购物环境和购物氛围中"拉开抽屉，打开柜门，在地毯上走走，或者试一试床和沙发是否坚固"，通过自身的体验来更好地做出购买决策。

3. 顾客参与营销——淘宝"买家秀"的口碑效应

商家的诚信问题是网络购物中消费者关注的焦点之一。与传统的线下购物方式相比，网络购物的虚拟性使得卖方与买方之间存在着严重的信息不对称。卖方夸大宣传、虚假承诺、以次充好、货不对版等现象在网络购物中非常普遍，对消费者的权益造成了严重损害。因此，消费者不再片面相信商家发布的信息，转而关注其他顾客的购买数量和口碑信息，并以此作为购买决策的重要依据。在网络购物的情境下，口碑传播被认为是低投入成本、高可信度的营销方式。

"买家秀"是我国最大的网络购物平台——淘宝（taobao.com）为顾客提供的购物体验分享工具。顾客在淘宝购买了某种商品后，可以通过文字、图片、视频等各种形式将自己的购买和使用体验信息公开发布，供其他顾客参考。调查表明，"买家秀"是顾客在淘宝上选购商品的重要参考依据，受到顾客的高度关注。"买家秀"中的内容更加全面、客观地介绍商品质量、使用效果、店铺服务、发货速度、物流服务等重要信息，帮助有购买意向的顾客进行购物决策，往往比商家自己所做的宣传获得更好的效果。同时，买家秀也为买卖双方提供了有效的互动方式，宣扬商家的诚信行为，约束卖家的不良行为。淘宝"买家秀"有多种应用渠道，如手机微淘、手淘社区、天猫范儿、店铺首页、店铺详情等。

第二章
以价值共创为导向的顾客内部化

第一节 本章的研究意义及主要内容

随着体验经济时代的到来，顾客的角色发生了根本的转变，他们不再只是产品和服务的被动接受者，而是通过与企业的充分沟通和紧密互动来参与价值共创，进而改善自己的消费体验。例如，在研发过程中，顾客能够提出产品创意、参加产品设计和参与产品测评，成为企业的"合作创新者"；在生产过程中，顾客可以根据自身需求确定产品配置、承担部分生产或服务任务，成为企业的"合作生产者"；在营销过程中，顾客可以参与制定营销方案、传播营销信息，成为企业的"合作营销者"（Agrawal，2013）。可见，顾客投入自身的资源（时间、体力和精力等）和能力（知识、技能和经验等）参与企业的各项经营和管理活动，在价值创造的过程中发挥着重要的作用。

Halbesleben（2013）指出，顾客已经成为企业运营系统的重要组成部分，是企业的"兼职员工"和合作伙伴，是能够提升组织价值创造能力的外部人力资源。因此，企业不仅要重视对内部员工的管理，还有必要通过顾客内部化将宝贵的顾客资源纳入企业的人力资源管理体系中。近年来，顾客内部化开始受到学界和业界的关注和重视。所谓顾客内部化是指企业与顾客建立紧耦合、一体化合作关系的过程（李海舰，2009）。企业不再仅仅将顾客视为交易对象，而是根据价值共创的目标和需要进行顾客的选拔、培训和激励，通过建立科学、规范的顾客内部化体系来充分地整合和利用顾客资源，使企业与顾客之间形成相互匹配的结构和关系，进而增强价值共创的组织性、互动性和规范性。

本章从价值共创的视角，对顾客内部化的内涵和外延进行了分析，参照人力资源管理的核心职能，将顾客内部化划分为顾客选拔、顾客培训和顾客激励三个方面。基于个人—组织匹配理论，分析了顾客内部化对于提升顾客与组织的匹配度，促进顾客价值共创行为的积极影响，建立了反映上述概念之间关系的理论模型，提出了相关的研究假设。以顾客内部化的典型实例——小米社区作为研究背景，对提出的概念模型进行了实证检验。最后，基于实证分析结果，提出了通过顾客内部化促进顾客参与价值共创的若干措施与建议。

第二节　相关文献综述

一、顾客内部化的内涵和外延

随着市场和竞争环境的改变，价值交换过程中各类参与者的角色正在发生改变，消费者不再是纯粹的价值消耗者，而是成为与生产者互动的价值共创者。Vargo 和 Lusch（2008）指出，顾客是企业重要的外部资源，他们以企业提供的产品和服务为载体，通过投入自身的资源和能力参与价值创造，从而获得个性化、高收益的消费体验。研究表明，顾客价值共创行为可以体现在企业价值链的不同环节，如产品或服务的开发、生产和交付环节；也可以体现在企业管理的不同层面，如运作层、管理层，甚至是决策层（Pansari，2017；Sweeney，2015；Mccoll-kennedy，2016）。虽然人们已经对顾客参与价值共创的意义和作用达成共识，但企业对价值共创活动的管理仍然存在一定的盲目性、随意性和松散性，对顾客资源的开发和利用尚不充分。

顾客内部化是指企业从价值共创的实际需要出发，与顾客建立一体化、紧耦合的合作关系，将顾客整合到企业的人力资源管理体系中，实现对顾客资源的有效开发和利用。选人、育人、用人是人力资源管理中的核心内容，同样也是顾客资源管理的关键环节。为了有效推进客户内部化，要求企业根据实际需要科学、合理地进行顾客的筛选、培训和激励，进而通过确立价值共创目标、建立共创组织架构和制定共创业务流程，以确保企业和顾客在资源和能力方面的融合性和互补性、在思想和行动上的协同性和一致性，进而提升价值共创活动的目的性、组织性和整体性。

顾客选拔是顾客内部化的起点，也是有效推进价值共创的前提和基础。由于顾客参与价值共创的意愿、资源和能力各不相同，他们对价值共创的作用和贡献会存在很大差别。因此，分析和总结价值共创中"优质顾客"具备的典型特征，正确选择合适的顾客参与价值共创显得非常必要。Von Hippel（1986）明确指出了不同顾客在创新方面的差异性，他将那些与普通用户相比具有强烈创新参与意愿和超前市场预见能力的"优质顾客"称为领先用户。近年来，人们从价值共创的角度不断对领先用户的典型特征加以总结和完善，同时，对领先用户的识别过程和识别方法也进行了深入研究，提出了大规模筛选法、金字塔法和创意竞赛法等有效的领先用户识别方法（Yong，2016；杨波，2011）。

顾客培训是指企业面向顾客发起的带有目的性、持续性和组织性的沟通活动，旨在使顾客或潜在顾客掌握价值共创所需的知识和技能，并形成正面的价值共创态度（赵晓煜，2013）。随着科学技术的飞速发展，产品和服务中的知识和技术含量正在逐渐增加，其复杂性和新颖性不断提升，给顾客带来了更高的认知障碍和学习成本，同时增加了顾客参与价值共创的代价和难度。顾客培训有助于引导顾客了解并接受企业所倡导的价值观，使顾客熟悉自己需要承担的价值共创任务，掌握参与价值共创所需的知识和技能，增强顾客参与价值共创的信心和能力。

顾客激励对于促进顾客参与价值共创具有重要作用。由于顾客的价值共创行为通常带有一定的自发性和自愿性，因此，顾客激励问题在以往并未得到充分的重视。Antikainen（2010）指出，为了促进顾客更加积极地参与价值共创，顾客激励应该被作为顾客内部化的一项核心内容。管理者应该像关注员工的付出那样去关注顾客的贡献，通过对顾客给予合理的奖励和回报来体现对其劳动价值的认可和尊重，使顾客持续保持参与价值共创的积极性和创造性。深入分析顾客参与价值共创的动机是设计顾客激励机制的前提，已有研究对顾客的参与动机进行了深入分析，归纳了激励顾客的主要方法，证实了物质激励和精神激励对于促进顾客价值共创行为具有的积极作用（范秀成，2014；Janzik，2008）。

二、个人—组织匹配与顾客—组织匹配

个人—组织匹配（Person-organization Fit）是人力资源管理中的重要议题，主要研究个体与组织之间的相容性，以及实现这种相容性所需的前提和带来的结果（陈卫旗，2009）。从概念的内涵来说，个人—组织匹配包

第二章 以价值共创为导向的顾客内部化

括一致性匹配和互补性匹配两个方面。其中,一致性匹配是指个体的属性和特征(如个性、价值观、目标和态度)与其所在组织的属性和特征(组织文化、价值观、组织目标和规范)具有一致性;互补性匹配是指对于个体和组织来说,一方的供给可以满足另一方的需要,具体又被划分为需求—供给匹配和要求—能力匹配。需求—供给匹配主要强调职位给员工带来的收获和利益(组织的供给)与员工的预期(需求)相吻合;要求—能力匹配则强调员工应具备职位所要求的知识和技能,能够胜任职位对应的各项工作。

个人—组织匹配的前提条件和作用结果也是该领域的研究热点。为了实现个人与组织的匹配,组织应该优先选择和聘用认同组织文化、目标和价值观的个体进入组织(一致性匹配)。在员工进入组织后,通过实施有效的组织社会化程序使员工接受企业的经营理念,适应组织氛围,掌握工作所需的知识和技能(要求—能力匹配)。同时,科学制定薪酬、福利制度,合理设计激励机制,满足员工的物质需求和心理需求(需求—供给匹配)。个人—组织匹配能够对个人和组织产生一系列积极影响,研究表明,个人与组织匹配对员工的工作态度(工作满意度、离职倾向、组织承诺等)、工作行为(组织服从、工作主动性、互助行为等)、工作绩效(任务绩效和周边绩效)、心理福利(心理健康、幸福感、工作生活质量等)均具有积极作用(陈卫旗,2009;吴伟伟,2017)。

随着顾客参与价值共创的现象日益受到关注,个人—组织匹配理论开始渗透到价值共创的研究中。Halbesleben等(2008)最早将该理论应用于"理想顾客"的识别问题中,他提出了顾客—组织匹配的概念来描述顾客与组织的相容性,并针对顾客与服务企业、服务人员和服务任务三方面的关系对这个概念进行了操作化定义。顾客与服务企业的匹配是指顾客认同和接受服务企业的理念、目标和文化等;顾客与服务人员的匹配是指服务交互的双方在人口特征、沟通方式、行为特征等方面具有相似性；顾客与服务任务匹配是指顾客所具有的知识、技能和经验与服务任务的要求相适应。顾客—组织匹配理论为识别和吸引"合适顾客"参与价值共创提供了重要的理论依据。

根据顾客在价值共创中承担的角色和任务，分析和确定对顾客能力和特征的要求，并据此选择合适的顾客参与价值共创是实现顾客—组织匹配的有效途径。例如，顾客在参与企业的研发活动时，其创新能力和专业知识最为重要（Hua，2018）；在参与企业的营销活动时，其在社交网络中的影响力和交互性尤为关键（Kratzer，2016）。此外，面向顾客开展组织社会化有助于帮助顾客了解和接受企业的经营理念、组织文化和价值观、明确自身在价值共创过程中应该承担的角色以及需要具备的能力，掌握与企业员工和其他顾客的互动技巧，完成从"局外人"到"局内人"的转换，从而更好地参与价值共创。

第三节　理论模型和研究假设

一、理论模型

本章在现有研究的基础上，对顾客内部化和顾客—组织匹配的内涵加以深入剖析，将顾客内部化分解为顾客选拔、顾客培训、顾客激励三个环节；将顾客—组织匹配划分为价值观匹配、要求—能力匹配和需求—供给匹配三个维度（各维度含义见综述部分），建立了以顾客内部化为自变量、顾客—组织匹配为中介变量、顾客价值共创行为为因变量的理论模型，其中，顾客内部化与其各维度之间的关系用二阶因子模型加以表示，具体如图 2-1 所示。

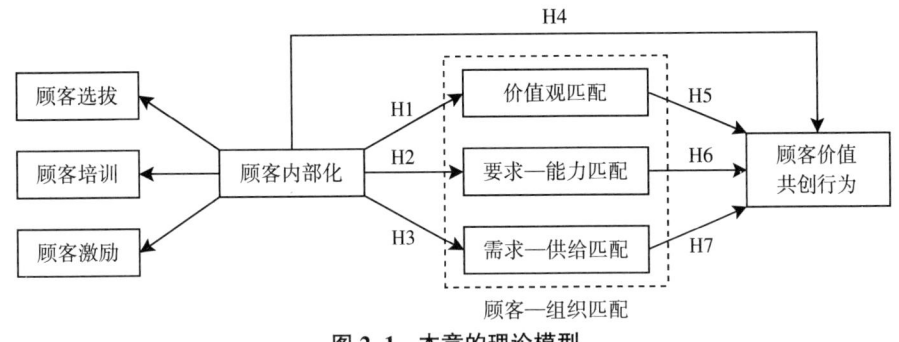

图 2-1 本章的理论模型

二、顾客内部化对顾客—组织匹配和顾客价值共创行为的影响

在价值共创的过程中，顾客与企业之间超越了传统的交易关系，成为互助共赢的合作伙伴。顾客付出额外的资源和努力，更为积极主动地按照自己的意愿和方式投入到价值共创过程中。顾客的价值共创行为通常被认为是"角色外行为"，即企业的奖励和回报制度没有明确要求必须履行，但对企业的生产和经营有利的行为。顾客之所以愿意表现出这类行为，与其参与价值共创的态度、意愿、能力等因素密切相关（王海忠，2018；赵晓煜，2013）。顾客内部化正是通过顾客选拔、顾客培训和顾客激励等环节，筛选、引导和鼓励与企业有较高匹配度的顾客参与价值共创。因此可以推断，顾客内部化对顾客—组织匹配和顾客价值共创行为具有积极的影响，具体分析如下：

首先，顾客选拔就是基于顾客在价值共创中承担的角色和任务，对顾客应该具备的能力和特征加以分析，并据此选择符合要求的顾客参与价值共创。在筛选顾客的过程中，要优先选择在理念、价值观方面与企业具有较高的相似性和匹配度，认同企业的组织文化，对企业或品牌有正面态度和积极情感的顾客（王海忠，2018）；同时，要考虑待选顾客是否具有价值共创所需的资源和能力，例如，考查顾客是否有足够的时间和精力来参与价值共创，是否具备参与价值共创所需的知识、经验和技能等（赵晓煜，2013）。研究表明，超前的消费需求、精深的产品知识、丰富的使用经验、积极的参与态度和较强的人际影响力是顾客参与价值共创的重要驱动因素，也是企业考量和评价顾客的重要标准。

其次，顾客培训具有多种重要的目的和作用。一是通过与顾客进行有效沟通，使其知晓、理解和接受组织的经营理念和价值观，提升顾客对组织的认同感，促使企业与顾客形成相互匹配的价值观；二是向顾客说明其在价值共创中扮演的角色和承担的任务，引导顾客按照企业期望的方式参与价值共创；三是帮助顾客学习和掌握参与价值共创所需的知识和技能，使顾客的价值共创能力与企业的要求相匹配，从而更好地融入价值共创的过程中；四是引导顾客与员工之间、顾客与顾客之间建立良好的人际关系，保持友好的互动交流氛围，满足顾客参与价值共创的社会交往需求和学习成长需求，通过良好的互动提升价值共创的效果（徐岚，2018）。可见，顾客培训对于实现顾客—组织匹配和促进顾客价值共创行为具有积极的影响。

最后，顾客激励是指从顾客参与价值共创的动机出发，通过设计有效的激励机制来满足顾客的物质需求和心理需求，激发顾客的主动性、积极性和创造性。顾客参与价值共创的动机复杂多样，包括实用利益动机（如获取物质利益、满足独特需求等）、社会交往动机（如拓展社交网络、获得荣誉和认同感等）、自我发展动机（如自我提升、学习和成长等）和享乐动机（满足创造欲、好奇心、愉悦心理等）等。管理者根据顾客的具体动机，将物质激励（如酬金和物质奖励）和精神激励（如荣誉、地位、授权等）相结合，内在激励（满足顾客探索、学习、愉悦等心理需求）和外在激励相结合，可以使顾客的需求与企业的供给相匹配，进而有效促进顾客参与价值共创。

综合上述分析，提出如下假设：

H1：顾客内部化对顾客与组织的价值观匹配具有正向影响。

H2：顾客内部化对顾客与组织的要求—能力匹配具有正向影响。

H3：顾客内部化对顾客与组织的需求—供给匹配具有正向影响。

H4：顾客内部化对顾客的价值共创行为具有正向影响。

三、顾客—组织匹配的中介作用

顾客的价值共创行为本质上是企业与顾客之间的合作行为，顾客的合作意愿、合作能力和预期收益都是其行为表现的重要影响因素。在顾客—组织匹配的三个维度中，价值观匹配有助于顾客更好地理解企业的经营理念、组织文化和发展目标，提升顾客对企业的认同感，增强参与价值共创的意愿。要求—能力匹配意味着顾客具备价值共创所需的知识、技能和经验，例如，具有出色的创新能力、丰富的专业知识、较强的沟通互动意识和较高的社区影响力等。拥有上述能力的顾客更有可能树立参与价值共创的意识和信心，进而表现出积极的价值共创行为。需求—供给匹配意味着顾客的物质需求、心理需求和社会需求能够通过参与价值共创得到充分的满足，这也将有助于促使顾客积极、主动地参与价值共创。综合上述分析，提出如下假设：

H5a：价值观匹配对顾客价值共创行为具有正向影响。

H6a：要求—能力匹配对顾客价值共创行为具有正向影响。

H7a：需求—供给匹配对顾客价值共创行为具有正向影响。

上述分析表明，顾客—组织匹配有助于促使顾客表现出价值共创行为，结合之前关于顾客内部化与顾客—组织匹配之间关系的分析可以推断，顾客内部化有助于提升顾客与组织之间的匹配程度，进而对顾客价值共创行为产生积极影响，也就是说，顾客—组织匹配在顾客内部化与顾客价值共创行为之间起中介和纽带的作用。因此，提出如下假设：

H5b：价值观匹配在顾客内部化与顾客价值共创行为之间起中介作用。

H6b：要求—能力匹配在顾客内部化与顾客价值共创行为之间起中介作用。

H7b：需求—供给匹配在顾客内部化与顾客价值共创行为之间起中介作用。

第四节 研究设计与数据分析

一、被试选取及数据收集

互联网的飞速发展为顾客参与价值共创提供了强大的技术支持，网络社区作为一种重要的网络应用平台，已经成为顾客与企业共创价值的重要途径（Füller，2008）。我国智能手机厂商小米公司建立的小米社区是小米用户最为重要的互动交流和价值共创平台，用户们可以通过小米社区交流手机的使用心得、使用技巧，参加企业的各种互动活动，甚至能够参与小米手机的开发和改进（张燚，2017）。鉴于小米社区作为价值共创平台所具有的典型性和代表性，选取该社区作为本章的研究对象。

小米社区非常注重吸引和选拔优秀的用户参与社区的运营和管理，常年通过规范的网上招聘程序来吸纳优质用户进入社区管理团队参与价值共创。招聘用户的主要要求包括：热爱小米文化，有正确的权利观和服务意识；具有较为丰富的产品知识；有充足的时间和持续的热情参与社区管理；具有良好的创新意识和较强的组织、管理、协调能力，能够充分调动其他用户的积极性。为了提升这些用户的管理能力，小米公司定期组织他们与公司的管理人员和技术团队进行沟通，参加公司的各项培训活动和其他重要活动，如新品发布会、同城会新品品鉴等，帮助他们积累管理经验和产品知识。在顾客激励方面，对于工作达标的用户给予丰厚的实物奖励，提升他们的社区经验值，获得专属荣誉勋章，提供更多参加重大活动的机会以及优先体验新品等其他特权。

可见，小米社区正是通过顾客招聘、顾客培训和顾客激励等环节吸纳优秀用户参与价值共创，实现顾客内部化。以小米社区面向用户招聘的社区管理团队成员作为被试，通过他们的微信群发出调查邀请，承诺对参与调查的被试予以一定的现金奖励，以提高被试参与的积极性。参照已有研究中的成熟量表设计调查问卷，其中，顾客内部化的测量题项参考和借鉴了 Pansari（2017）、赵晓煜（2013）和 Antikainen（2010）的研究成果，3个维度共筛选了 9 个指标，并对指标进行了情景化的处理。顾客—组织匹配的题项主要借鉴了 Halbesleben（2013）、陈卫旗（2009）的研究，共计选择 9 个指标来测量价值观匹配、要求—能力匹配和需求—供给匹配；基于 Groth（2005）的研究，选取 4 个测度指标对顾客价值共创行为加以测量。上述题项均采用李克特 5 级量表，从很不同意（1）到很同意（5）。具体题项如表 2-1 所示。在问卷的最后一部分，要求被试填写其个人信息，包括性别、年龄、职业以及个人月收入等。通过调查共计回收问卷 179 份，剔除无效问卷 11 份，最终得到有效问卷 168 份，有效率为 93.85%。

二、测量模型的检验

采用 AMOS 进行验证性因子分析，对测量模型进行检验，具体分析结果如表 2-1 所示。

表 2-1 测量模型的验证性因子分析

潜变量	题项	标准化的因子载荷	Cronbach's α 系数	AVE 值
顾客选拔	公司在选择社区管理团队时有明确的标准	0.776	0.782	0.665
	公司在选择社区管理团队时有规范的流程	0.832		
	公司根据实际需要选拔社区管理团队的成员	0.837		
顾客培训	公司向社区管理团队宣传企业的经营理念和组织文化	0.804	0.798	0.671
	公司向社区管理团队传授与社区管理有关的知识、技能	0.845		
	公司明确说明社区管理团队各个岗位的职责和任务	0.808		
顾客激励	公司为社区管理团队提供物质奖励	0.794	0.816	0.678
	公司给予社区管理团队一定的荣誉	0.853		
	加入社区管理团队可以结识优秀人才，有助于提升自己	0.823		
价值观匹配	公司的价值观与我个人的价值观具有相似性	0.789	0.789	0.669
	我认可公司的经营理念	0.798		
	我能够接受公司的组织文化	0.865		
要求—能力匹配	我具备公司所要求的工作能力	0.884	0.828	0.716
	我具备公司所要求的专业知识	0.828		
	我的个人能力能够达到公司的要求	0.825		
需求—供给匹配	参与社区管理团队获得的物质奖励与我的期望相吻合	0.765	0.781	0.665
	参与社区管理团队所获得荣誉对我非常重要	0.804		
	参与社区管理团队的收获符合我的预期	0.873		
顾客价值共创行为	我会为公司开发新产品提供自己的创意或想法	0.913	0.835	0.722
	我愿意和公司的员工共同完成某项任务	0.874		
	我愿意向我身边的人推荐公司的产品和服务	0.790		
	我愿意主动向公司反馈我的消费体验和感受	0.817		

对测量模型进行验证性因子分析的具体结果如下：$\chi^2/df = 2.326$，GFI = 0.915，CFI = 0.928，NFI = 0.901，RMSEA = 0.062，上述指标表明数据与模型之间总体拟合良好。所有题项的标准化因子载荷均大于0.7，各构念或维度的AVE值均大于0.5，说明模型中的各潜变量均具有较好的收敛效度。进一步由表2-2可知，各潜变量AVE值的平方根均大于变量间的相关系数，说明采用的量表具有较好的区别效度。此外，各潜变量Cronbach's α系数的取值均超过了0.7的标准，表明量表具有较好的内部一致性，可以对潜变量进行可靠的测量。

表2-2 区别效度的分析结果

潜变量	均值	标准差	A	B	C	D	E	F	G
顾客选拔 A	3.992	0.782	0.815						
顾客培训 B	3.576	0.655	0.424	0.819					
顾客激励 C	3.657	0.772	0.429	0.359	0.824				
价值观匹配 D	3.697	0.621	0.291	0.165	0.214	0.818			
要求—能力匹配 E	3.592	0.618	0.254	0.317	0.292	0.415	0.846		
需求—供给匹配 F	3.628	0.607	0.289	0.221	0.284	0.431	0.397	0.815	
顾客价值共创行为 G	3.563	0.546	0.349	0.289	0.350	0.281	0.493	0.480	0.850

注：矩阵下三角形中的数值为相关系数，对角线上的数值为AVE值的平方根。

三、结构模型及中介效应的检验

进一步采用结构方程模型对提出的理论模型进行检验，具体结果如下：$\chi^2/df = 2.110$，GFI = 0.895，CFI = 0.906，NFI = 0.882，RMSEA = 0.061。上述结果表明数据与模型之间的整体拟合程度良好。表2-3给出了结构模型的具体检验结果。

表 2-3 结构模型的检验结果

假设路径	标准化路径系数	C.R.值	结论
H1：顾客内部化→价值观匹配	0.323	6.278***	支持
H2：顾客内部化→要求—能力匹配	0.285	6.328***	支持
H3：顾客内部化→需求—供给匹配	0.339	7.198***	支持
H4：顾客内部化→顾客价值共创行为	0.309	6.518***	支持
H5a：价值观匹配→顾客价值共创行为	0.345	7.358***	支持
H6a：要求—能力匹配→顾客价值共创行为	0.342	6.732***	支持
H7a：需求—供给匹配→顾客价值共创行为	0.425	7.997***	支持

注：*** 表示 $p < 0.001$。

由表 2-3 可以看出：顾客内部化对价值观匹配、要求—能力匹配、需求—供给匹配和顾客价值共创行为均具有显著影响，同时，价值观匹配、要求—能力匹配、需求—供给匹配对顾客价值共创行为也具有显著影响，因此，假设 H1~H4，以及假设 H5a、假设 H6a、假设 H7a 均得到数据的支持。

采用依次检验法对各中介变量的中介效应进行检验。例如，为了检验价值观匹配在顾客内部化和顾客价值共创行为之间的中介作用，按以下步骤进行检验：

（1）验证顾客内部化对顾客价值共创行为的作用显著（$\beta = 0.309$，$p < 0.001$）。

（2）验证顾客内部化对价值观匹配的影响显著（$\beta = 0.323$，$p < 0.001$）。

（3）验证价值观匹配对顾客价值共创行为的影响显著（$\beta = 0.345$，$p < 0.001$）。

（4）以顾客内部化和价值观匹配为自变量，顾客价值共创行为为因变量做回归分析。结果表明：价值观匹配与顾客价值共创行为的关系仍然显著（$\beta = 0.268$，$p < 0.001$），而顾客内部化与顾客价值共创行为之间的相关性显著降低（$\beta = 0.228$，$p < 0.001$）。由此可见，价值观匹配在顾客内部化与顾客价值共创行为之间起部分中介作用，假设 H5b 得到验证。

第二章 以价值共创为导向的顾客内部化

按照上述检验程序对要求—能力匹配和需求—供给匹配的中介效应做进一步检验。分析结果表明，要求—能力匹配和需求—供给匹配均在顾客内部化与顾客价值共创行为间起部分中介作用，假设 H6b 和假设 H7b 得到验证。

第五节 结论与启示

经济、社会和科学技术的飞速发展使企业的生存环境发生了深刻的改变，企业的边界逐渐变得模糊，其经营管理也逐渐由封闭走向开放，企业管理者通过整合各类优质资源为企业发展构建良好的商业生态。顾客内部化的目的就是将顾客的资源和能力与企业的价值创造过程加以有效整合，提升企业创造价值的能力和绩效。本章针对顾客内部化展开研究，其理论意义如下：

首先，对顾客内部化的概念内涵、主要内容、基本原则和重要作用等进行了分析和检验。基于顾客在价值共创中的地位和作用，提出应用人力资源管理的理论和方法，通过一系列的顾客内部化程序将"优质顾客"整合到企业的人力资源体系中。人力资源管理通常包括招聘与配置、培训与开发、薪酬与激励等核心职能，顾客内部化也被相应地划分为顾客选拔、顾客培训和顾客激励三个环节。顾客内部化的基本原则是以企业的价值共创目标为导向，精心筹划和实施价值共创活动，分析顾客需要具备的资源和能力，合理为顾客分配具体的角色和任务，使企业和顾客相互融合、相互协同，共同实现价值共创目标。顾客内部化的作用是通过科学、规范的内部化程序改变原有价值共创管理中的随意性和松散性，提升价值共创活动的目的性、计划性和组织性。

其次，对顾客内部化、顾客—组织匹配以及顾客价值共创行为之间的关系进行了理论分析和实证检验。证实了由顾客选拔、顾客培训和顾客激励组成的顾客内部化对于顾客价值共创行为具有的积极影响，是促进顾客参与价值共创的重要前导因素。进一步对顾客—组织匹配在顾客内部化与顾客价值共创行为之间所起的中介作用进行了分析和检验，验证了顾客内部化有助于在企业和顾客之间形成价值观匹配、要求—能力匹配和需求—供给匹配，使顾客更有可能参与合作创新、合作生产、合作营销等价值共创活动。上述研究对顾客内部化影响顾客价值共创行为的作用机制进行了揭示，提醒企业应该以顾客—组织匹配作为衡量顾客内部化效果的中间变量，也就是说，在顾客与企业达到了理想的匹配状态后，顾客内部化才能更加有效地转化为顾客价值共创行为。

企业在实施顾客内部化的过程中，应从理念、价值观、能力、需求等方面对顾客进行评估、选择、培训和激励，建立相应的机制和流程，从而实现顾客与企业之间的高度匹配和有效融合。例如，我国知名智能手机厂商小米公司在成立伊始就开始积极塑造自己的"粉丝文化"，即让小米产品的忠实粉丝成为品牌的传播代言人。小米公司对"核心粉丝"的特征有着非常清晰的定义，即熟悉手机的研发历史，掌握手机的研发技术，是发烧友级别的手机爱好者，对手机产品有着专业的"鉴赏者心理"，愿意为自己喜爱的手机产品做宣传和推广，并以此获得认同和尊重。小米公司的营销团队利用各种线上媒体和线下活动将这些"核心粉丝"组织起来，通过有效的沟通和激励引导他们为公司的研发和营销做出贡献。

互联网技术的迅速发展为企业开展顾客内部化提供了丰富的渠道和便捷的途径，社交媒体的普及和网络社区的兴起使企业可以跨越时空的障碍，更加高效地整合客户资源（张红霞，2014；Harrigan，2017）。例如，在活跃的网络社区中集中了大量具有创新性、专业性、参与性和影响力的

第二章 以价值共创为导向的顾客内部化

"领先用户",他们积极参与企业的创新、生产和营销等价值创造活动,在顾客群体中发挥了重要的引领、带动和示范作用。企业应该积极地利用各种技术手段和网络数据资源对这些优质顾客加以有效识别,并安排专门的机构和人员与其进行沟通和互动,通过各种激励手段满足他们的物质需求和心理需求,将他们逐渐内化为"圈内人",并在价值共创中发挥更大的作用。

虽然顾客参与价值共创的现象引起了众多企业的广泛关注,但在我国有计划、有组织地开展顾客内部化的企业尚不多见,给选择研究对象和获取研究数据带来了一定的难度。本章选择的研究情景虽然具有一定的典型性和代表性,但在样本的选取上也存在一定的局限性。今后,应进一步拓展研究范围以提高研究结论的普适性。

关于顾客内部化的研究尚处于起步阶段,还有大量的理论和实践问题值得进一步探讨。顾客内部化将顾客视为企业人力资源的组成部分,使企业的人力资源管理范围从内部扩展到外部,管理对象也相应地发生了改变。对于顾客选拔、顾客培训和顾客激励的业务目标、组织架构、主要内容和评价机制等都需要进行深入的理论分析和实证检验。在实践的过程中,还需要根据行业、企业、顾客群体的实际情况和具体特点制定与之相适应的顾客内部化策略,使顾客与企业之间逐步建立紧密协作的互动关系,共同打造互助共赢的价值创造模式。

本章案例

星巴克与顾客共同创造价值

星巴克(Starbucks)是全球最大的连锁咖啡企业,成立于1971年,其总部位于美国华盛顿州西雅图市。星巴克旗下的零售产品包括

30多款全球顶级的咖啡豆、手工制作的浓缩咖啡和多款咖啡冷热饮料、新鲜美味的各式糕点食品以及丰富多样的咖啡机、咖啡杯等商品。星巴克在全球范围内已经有近21300间分店，遍布北美洲、南美洲、亚洲、欧洲、中东及太平洋地区。

星巴克很少采用大量投放广告来提升自己的知名度和销售量，而是通过饮品质量、门店环境和内部管理等手段来塑造良好的顾客体验。通过高品质且口味一致的各式饮品，舒适而优雅的门店环境，热情友好且精通咖啡知识的服务人员，星巴克为顾客提供了一个方便、整洁，可以让人坐下休息、聊天和简单办公的"第三空间"，为顾客营造了轻松、休闲的消费氛围。同时，星巴克在产品创新、服务交互和营销宣传等方面非常注重与顾客的紧密互动，让顾客真正成为"价值共创者"（Value Co-creator），并以此作为优化顾客体验、深化顾客关系和提升经营绩效的有效方式。星巴克与顾客的典型价值共创活动包括以下几种形式：

（1）鼓励顾客提出创意。星巴克意识到顾客对公司的产品和服务有着最为直接和深刻的体验，他们在消费过程中的感受和需求可以为企业创新产品和改善服务提供动力及源泉。星巴克非常重视通过互动来收集顾客的想法和创意，为此，公司特别建立了"星巴克创意"网站（ideas.starbucks.com），使广大顾客可以随时将自己的创新性建议提供给公司。顾客的创意可以涉及饮品、服务、店铺选址、店内环境、订货、支付、会员卡、顾客奖励制度、品牌社区、营销等方方面面。既可以是全新的创意或想法，也可以是针对现有产品和服务提出的改进意见或建议。"星巴克创意"网站会对顾客提出的创意进行及时的反馈，对那些所提创意被最终采纳的顾客还会根据贡献大小给予一定的物质奖励。

（2）倡导"半自助式"服务方式。星巴克的服务是半自助的，大部分服务终止在吧台，即顾客在点餐后需要自己排队等待服务人员制作并交付商品，并根据需要自行完成后续的服务环节（如根据口味为咖啡加奶或加糖）。这种方式不仅大大节省了人力，降低了店员的工作强度，也使顾客可以在一个没有服务人员过多"干扰"的情况下进行消费，从而避免了由于店员的"殷勤"服务对顾客形成的心理压迫感，为顾客营造了自在、轻松、休闲的服务氛围。

（3）开办"咖啡教室"加强顾客教育。星巴克定期邀请部分顾客参加在店内举行的"咖啡教室"活动。在活动过程中，拥有丰富咖啡知识和高超制作水平的资深店员将为在场的顾客介绍制作咖啡饮品的各种技巧，如不同咖啡豆的产地和特点、冲泡咖啡的合适水温、水和咖啡粉的恰当比例等；邀请顾客品尝各种不同种类的咖啡饮品，体验各种产品的风格和口味；讲解品尝咖啡的步骤和要领（包括闻香、吮吸、确定和描述四个阶段）以及如何将咖啡和甜点进行合理搭配等。"咖啡教室"活动不仅增进了服务人员与顾客、顾客与顾客之间的友情，也使顾客了解和掌握了更多的咖啡知识和咖啡文化，从而获得更好的消费体验。

（4）让顾客向顾客"推销"。星巴克特别擅长利用顾客间的互动来吸引和带动潜在顾客到店体验或消费，由于顾客与顾客之间具有的信任关系使得这种方式比广告等传统的营销方式更加有效。例如，星巴克会为老顾客提供一些免费的体验券，让老顾客带动亲属、朋友、同事等到店消费。同时，星巴克经常设计一些有趣的体验活动（如前面提到的"咖啡教室"活动）或新品发布活动，邀请顾客参与活动并鼓励其在社交媒体中进行分享，有效传播了产品和品牌的有关信息。到星巴克喝咖啡甚至已经成为青年人群和时尚人群进行自我表达的方式，他们常常会将自己到星巴克的消费经历分享到微信、微博或其他社交媒体中，产生了很好的人际传播效果。

　　星巴克正是通过上述方式将顾客的消费活动与企业的经营活动紧密融合，通过与顾客的紧密沟通和互动实现价值共创，并通过这些契机使顾客与企业之间形成牢固的品牌情感和品牌关系，进而表现出持续消费、口碑推荐等"忠诚"行为，对扩大品牌影响，提升经营绩效起到了极其重要的作用。

第三章
顾客在价值共创中的角色及特征

第一节 本章的研究意义及主要内容

近年来,顾客参与价值共创的现象日益普遍和广泛,引起了学界和业界的高度关注(简兆权,2018;张燚,2017)。例如,美国连锁咖啡企业星巴克建立了"星巴克创意"网站(ideas.starbucks.com),面向顾客和咖啡爱好者收集关于饮品和服务的各类创意信息,将顾客纳入企业的创新体系中;瑞典知名家居用品零售商宜家家居主要提供尚未安装的家具组件,顾客在购买家具后通常需要自行运货和组装,扮演了"合作生产者"的角色;我国智能手机厂商小米公司利用"小米社区"等社交媒体,为顾客搭建了便捷的沟通和互动平台。很多"米粉"积极传播与小米公司及其产品有关的信息、知识和经验,成为"口碑传播者"和"义务营销员"(具体见第一章和第二章的案例部分)。

为了对顾客的价值共创行为进行有效管理,有必要对顾客能够承担的任务和担当的职责,即顾客扮演的"价值角色"进行合理分类并明确其具体的"工作内容"(Agrawal, 2015)。而且，由于顾客参与价值共创的意愿、资源和能力各不相同，他们对价值共创的作用和贡献也存在很大差别，因此，归纳和总结价值共创中"优质顾客"所具有的典型特征就显得非常重要。Von Hippel (1986) 在创新领域提出的领先用户理论为解决上述问题提供了依据，他将那些与普通用户相比具有更强烈的创新参与意愿，更超前的市场预见能力，更突出的领域知识技能的"优质顾客"称之为领先用户。在价值共创的背景下，领先用户的内涵被不断延伸，逐渐被应用于营销、生产等其他重要的价值创造环节。领先用户在价值共创中的带动、引领和示范作用越发受到关注。

本章针对企业与顾客共创价值的管理现象，从研发、生产、营销等核心业务活动的角度，将领先用户的角色归纳为合作创新者、合作生产者和合作营销者，并对每类角色的内涵和外延进行了具体分析。在此基础上，提出了领先用户具有的六个主要特征，即创新性、专业性、参与性、获利性、互动性和影响力。采用通行的量表开发程序，建立了具有良好信度和效度的领先用户特征量表。进一步对领先用户角色与特征之间的对应关系进行了研究，分析了各类价值共创角色对领先用户特征的不同要求。研究成果对管理者更好地理解和确定顾客在价值共创中的任务及责任，并根据需要选择合适的顾客参与价值共创提供了有益的启示和借鉴。

第二节 相关文献综述

一、顾客在价值共创中的行为和角色

在价值共创的研究中，顾客的角色担当和行为表现一直都是重要的理论和实践问题。在早期研究中，人们从提升企业生产或服务能力的角度，建议将部分原本由企业承担的任务或工作转移给顾客来完成，形成所谓的"顾客参与"模式。Kellogg（1997）指出，服务业中的顾客参与行为主要包括事前准备行为、建立关系行为、信息交换行为和体验反馈行为。进一步的研究表明，顾客除了表现出"角色内"的参与行为外，还会表现出"角色外"的所谓公民行为，即企业的奖励和回报制度没有明确要求必须履行，但对企业的生产和经营有利的顾客行为，如正面的口碑传播、积极的关系展示、参与企业活动、仁慈与宽容、提出改进建议等（Bove，2009）。

近年来，顾客参与企业经营管理活动的广度和深度都在不断拓展，顾客不再仅仅被视为是可以提升生产效率、降低运营成本的"合作生产者"（Co-producer），而是拥有宝贵资源和能力的"价值共创者"（Value Co-creator），是企业进行差异化经营的合作伙伴（胡春，2017）。在研发、生产、营销和销售等核心业务环节，顾客参与合作创新、合作生产和合作营销等价值共创活动的现象日益普遍而广泛。合作创新是指顾客参与企业的产品创意、设计、开发及改进等创新活动；合作生产是指顾客参与完成产品或服务生产中的部分工作或任务；合作营销是指顾客参与企业产品或服务的

发布、宣传或推广等营销活动，如为企业提供广告创意，参与制定企业的营销方案等。

合作创新是将顾客的智慧、知识、经验、技能等融入企业的创新活动中，使顾客的需求和创意在研发过程中得到充分体现，从而降低新产品的市场风险。研究表明，顾客在参与创新的不同阶段主要扮演着四类不同的角色，即创意提供者、合作设计者、合作测试者和技术支持者（Füller，2007）。其中，前两种角色位于创新活动的上游或输入端，后两种角色位于创新活动的下游或输出端。在新产品开发的初期，顾客能向企业提供新的产品构思，并与企业共同设计和开发产品原型（Hua，2018）；在新产品开发的后期，顾客能够帮助企业完成对最终产品的测试，并协助企业为其他用户提供技术支持（Nambisan，2009）。由于顾客在新产品开发的各个阶段都能承担重要责任，因此被视为产品创新中的重要智力资源。

合作生产是顾客参与价值共创的另一种重要形式。企业根据顾客具备的资源和能力，将生产或服务流程中的某些任务或工作划分出来交由顾客完成。同时，企业通过提供适当的激励，如更低的产品价格、更符合顾客需求的个性化产品等来提升顾客参与合作生产的主动性和积极性（Pansari，2017）。目前，顾客参与合作生产的现象在农业、工业、服务业中日渐增多。例如，很多农业企业或农户开发了各类农业旅游休闲项目，让消费者参与农作物的种植、培育、采摘等过程，使他们充分享受农业生产的乐趣；在制造领域，一些企业向顾客提供各种选项并让其自行确定产品或服务配置，进而满足顾客的个性化需求；服务业中顾客参与合作生产的现象更加普遍，服务流程中的许多环节都需要顾客参与完成（Mustak，2016）。随着科学技术的飞速发展，顾客通过各种在线服务平台或自助服务设备，可以更为便利地完成部分甚至是整个服务流程。

合作营销是要改变传统营销中企业主导营销推广过程，顾客被动接收各类营销信息的单向沟通模式,将顾客纳入企业的营销体系中。随着体验经济时代的到来,顾客与品牌之间的关系发生了深刻的改变,他们不愿再接受单向的营销宣传,而是期望与企业更加坦诚地沟通和对话。因此,企业有必要建立一种有助于企业与顾客之间,顾客与顾客之间进行多向互动的沟通模式,充分利用移动互联网、社交媒体等新型技术平台和媒体资源,在顾客群体中挖掘有影响力和传播力的"领先用户"和"意见领袖",引导和激励顾客参与营销传播和品牌推广,通过口碑传播等方式帮助顾客了解产品信息,分享消费体验,建立品牌偏好,进而树立品牌形象,提升营销绩效。

二、领先用户的相关研究

领先用户这一概念来自于合作创新领域,由学者 Von Hippel 提出。他注意到参与企业创新活动的顾客(用户)在创新意愿和创新能力等方面存在显著差异,对创新活动的贡献也有所不同,因此,将用户划分为领先用户和普通用户,并提出了领先用户具备的两个特征:第一,领先用户能够在大众需求形成前的几个月或者几年就觉察到这种需求;第二,领先用户可以通过找到满足需求的途径来获得可观的收益。研究表明,大部分合作创新活动是由具有领先特征的用户参与实施的,他们开发的产品常常成为商业化产品的基础。领先用户理论为企业识别和利用顾客的智力资源,提升创新和研发绩效提供了新的理论视角。

目前,国内外的许多知名企业都在应用领先用户理论着手解决企业创新和研发中的实际问题。例如,宝洁公司采用开放式创新模式,通过名为"联系与发展"的网络平台,面向全球的消费者和研究机构征集产品创意和技术方案,通过有效整合外部创新资源显著提升了企业的创新能力和创新绩效。Lettl(2006)等对领先用户在企业创新,尤其是突破性创新中的作用进行了研究。结果表明：生产商通过与领先用户密切合作，能够获得原创性的产品创意，推出突破性的创新产品。面向领先用户征集具有良好市场前景的产品原型，能显著缩短新产品开发周期、降低开发成本和市场风险。而且，建立与领先用户的紧密联系有助于企业获取新的技术能力，拓展技术联系网络。

由于领先用户在用户群中所占比重较低，位于"用户金字塔"的顶端，因此，如何识别领先用户是创新管理中的重要问题。清晰描述领先用户具有的特征并建立相应的测量指标，是对领先用户进行准确识别和有效管理的前提和基础。以 Von Hippel 的研究为基础，Morrison（2004）采用领先优势地位（Leading Edge Status，LES）来测量领先用户的特征，在领先用户两个基本特征（较早意识到需求和较高的期望收益）的基础上又增加了两个变量，即用户本人和他人感知的 LES 以及应用创新性。Lüthje（2004）对相关研究成果加以综合，进一步提出了识别领先用户的六个指标，即超前的消费需求、精深的产品知识、丰富的使用经验、不满足于现有产品、深入的参与程度和较强的社区影响力，对领先用户的特征进行了更为全面的归纳。

随着领先用户测度指标的日益完善，研究者进一步对领先用户的识别过程和识别方法进行了系统的研究。大规模筛选（mass screening）是发现领先用户的常用方法，该方法通过标准化的定量筛选流程将领先用户从大量的普通用户中识别出来。但由于领先用户在用户群体中所占的比重较小，所以该方法的效率较低、成本较高。此外，由于需要以问卷调查或电话访谈的方式来获得被访对象在创新意愿和创新能力方面的自我评价，也增加了误判的可能性。因此，Von Hippel 等进一步提出采用金字塔法提高领先用户的搜索效率，在实践中取得了不错的效果。此外，创意竞赛也被证明是识别领先用户的有效方法。

随着领先用户理论的不断演进,这一起源于创新领域的概念开始被应用于生产、营销等其他价值创造环节。例如,在营销领域,领先用户通常指那些勇于尝试新事物、新观念、新产品,同时,具有广泛社会关系和较强社会影响力的顾客(Morrison,2000)。由于领先用户掌握着普通用户所缺乏的信息、知识和经验,因此常常成为普通用户的咨询对象和信息来源,进而对普通用户的消费态度和消费决策产生影响(Vernette,2013)。而且,由于领先用户与企业之间通常不存在利益关系,所以他们的建议往往比企业的营销宣传更加令人信服。在价值共创的背景下,领先用户概念的内涵和外延不断被丰富和延伸,成为用于指代具有丰富资源和出众能力,且积极参加价值共创的"优质顾客"的专用术语。

第三节 领先用户在价值共创中的角色

一、领先用户的合作创新者角色

创新的内涵非常丰富,现有合作创新的研究成果主要针对的是顾客参与企业的研发活动或新产品开发活动(陈钰芬,2007)。因此,本章在分析和总结领先用户在合作创新过程中可能承担的工作或任务时,也主要从领先用户参与新产品开发的角度进行分析。新产品开发是指企业以市场需求为导向,形成全新或改进的产品创意及产品概念,然后进行产品设计和工艺设计,直到将新产品投入生产并推向市场的整个过程。在参与合作创新的过程中,领先用户主要参与以下任务或工作:

(1)提出产品创意。产品创意是新产品开发的关键环节,是根据市场需求情况和企业自身条件，在充分考虑顾客需求和市场竞争的基础上，有针对性地提出新产品的设想和构思。用户对自身需求往往有着最为清晰和准确的认识，而且在使用现有产品的过程中积累了丰富的产品知识和使用经验，通常能够根据自身体验提出产品改进意见或新的产品创意（王海忠，2018）。可见，用户尤其是领先用户是提供产品创意，推动新产品开发的主要力量之一。因此，企业应重视领先用户的创新动力和智力资源，积极鼓励并支持领先用户贡献和分享自己的创意和灵感，进而为产品创意的形成和发展提供新的动力和源泉（苏楠，2011）。

（2）参加产品设计。产品设计包括了从制定产品设计任务书到确定产品结构为止的一系列技术活动，是明确产品的用途、原理、结构、功能、材料、性能、技术参数等关键要素的过程。许多领先用户不仅具有超前的需求意识，而且在某些特定领域还具有可以与专业技术人员相媲美的知识、经验和技能，具备参与产品设计的能力和条件。而且，在体验经济时代，消费者不再仅仅关注功能、价格等理性因素，而更加注重感官体验和心理认同，即顾客已经从单纯追求理性价值上升到对理性价值和感性价值的双重需求。因此，邀请领先用户参与产品设计，有助于提升产品的情感因素和体验价值，进而增强产品的市场竞争力（葛米娜，2017）。

（3）参与产品测评。新产品在投放市场之前，往往先进行小批量试生产并发放给目标客户提前试用，目的是对样品进行测试与评价。因此，参与产品测评是用户参与创新的一种常见形式。例如，微软公司在将Windows XP操作系统推向市场前，曾邀请了65万名用户参与该软件的beta测试，并不断根据用户反馈来完善产品。可见，用户参与产品测评有助于帮助企业尽早发现产品缺陷，改进产品的设计和生产方案，更好地提升和控制产品质量。同时，产品测评还能使企业更加准确地预测产品的市场反应，完善和优化营销方案以获得满意的销售业绩。

二、领先用户的合作生产者角色

生产过程是指生产者按照既定的流程和规范,将原材料等劳动对象投入生产,并最终制造出能够满足社会需要的合格产品或服务的过程。生产过程是企业价值链中最为重要的环节之一,根据顾客的需求和能力,将生产过程中的部分任务和工作分配给顾客来完成,有利于降低生产成本,加强与顾客的互动,更好地满足顾客需求。总的来说,用户参与合作生产的方式主要包括选择产品配置,分担生产任务和创造体验价值等,各种参与方式的具体内容如下:

(1)选择产品配置。为了满足消费者日益提升的个性化需求,越来越多的企业在兼顾生产成本和生产效率的前提下,提供灵活多样的产品或服务选项,顾客可以根据自身需求自行确定产品配置,并通过这种方式介入生产过程(Straus,2016)。个性化定制促使企业不断应用先进的技术和工艺对生产系统进行更新和升级,以便更好地满足需求和应对竞争。例如,我国知名的服装生产企业红领集团以西装定制作为核心业务,为了实现服装的规模化定制,探索出了基于"互联网+工业"模式的"酷特智能"网络平台。客户可以利用该平台进行 DIY 设计,提交个性化的服装定制需求,制造工厂将很快根据需求生产出不同款式、型号、面料、颜色的个性化服装。

(2)分担生产任务。顾客参与生产的主要目的包括获得价格更低的商品,更好地满足自己的个性化需求,以更便利的方式达成消费目标等。例如,顾客在宜家家居通过自行提货、自行运输和自行安装,可以购买到价格更加实惠的家具和家居用品;随着网络银行的迅速普及,顾客可以通过在线平台办理各项业务,省去了到网点办理业务的路途奔波和漫长等待。随着互联网的飞速发展,生产者与消费者之间的界限越发模糊,用户通过各种网络平台和社交媒体积极参与到合作生产中。例如，wiki 百科、Facebook、博客、微博、微信等众多网络应用都是建立在用户生成内容（User Generated Content，UGC）的基础之上（汪旭晖，2018），用户同时充当着消费者和生产者的角色。

（3）兑现使用价值。传统观点认为，生产过程为产品赋予了最终的价值。然而，随着体验经济和服务经济时代的到来，人们对产品价值的认识发生了很大的改变。Vargo 和 Lusch 在服务主导逻辑中指出：产品价值最终需要通过消费来兑现。他们将这种在产品使用过程中兑现的价值称为"使用价值"（Value in Use）。随着科学技术的飞速发展，产品和服务中的知识和技术含量显著提升，给顾客带来了更高的认知障碍和学习成本，具有不同知识和技能水平的顾客从产品中获得的利益和价值也呈现出显著差异。与普通用户相比，领先用户拥有更为丰富的领域知识和更强的学习能力，因此，往往能够更为熟练地使用新产品或新服务，并在用户群体中起到很好的引导和示范作用（Ballantyne，2006）。

三、领先用户的合作营销者角色

在企业的各种业务活动中，市场营销与顾客的联系最为紧密。企业基于经营环境、竞争情况和顾客需求制定营销策略，并通过实施策略获得期望的营销绩效。尽管市场营销强调以市场和顾客需求为中心，企业也会借助市场调查和市场研究手段来了解顾客需求，但总的来说，顾客在营销活动中仍然非常被动，其参与营销活动的主动性和积极性有待提升。在价值共创理念的推动下，企业与顾客间的互动更加紧密，顾客通过参与营销策划、传播营销信息等方式与企业共创营销价值（Harrigan，2017）。

（1）参与营销策划。营销策划是企业根据营销目标，设计和规划产品、服务、价格、渠道、促销等营销策略，以促进顾客与企业达成交易的管理活动。因为领先用户在某些特定的领域具有丰富的产品知识和专业技能，对市场需求也有很强的洞察和预见能力，因此，企业越来越重视领先用户在营销决策中的重要作用，邀请他们深度参与企业的营销策划工作。例如，美国3M公司经常邀请消费者代表参加公司的营销策划会议，听取他们对公司现行营销策略的意见和建议。在对这些信息进行分析加工后，作为制定或调整公司营销策略的重要依据。

（2）传播营销信息。微信、微博、网络社区等新媒体的出现彻底改变了大众获取资讯的方式，人们越来越倾向于通过社交网络来获取消费信息和分享消费体验。在传统媒体上投放商业广告等常规营销手段的效果正在逐渐下降，顾客之间的口碑传播对消费决策的影响则越来越大。领先用户通常具有丰富的产品知识、较高的产品卷入度和广泛的社会关系，在其社会网络中有一定的权威性和影响力，是其他顾客信赖的信息来源。领先用户往往也更愿意通过各类媒体传播营销信息，客观上对其他顾客的消费决策产生了影响，自发扮演了"产品推广者"和"营销传播者"的角色。

（3）提供技术支持。技术支持是销售管理中的重要环节，是指客服人员在销售过程中针对顾客提出的问题提供咨询服务或技术指导，为顾客购买或使用产品提供帮助。技术支持是客服人员与顾客紧密互动的过程，对顾客满意度具有直接影响，因此带有鲜明的营销属性。当顾客遇到问题时，可能会求助企业客服人员，也有可能向其他顾客寻求帮助，尤其是在社交媒体高度发达的今天，顾客之间的互助现象更加普遍。领先用户通常拥有丰富的产品知识和使用经验，也更愿意为其他顾客提供支持和帮助，客观上起到了企业客服人员的作用。

综合上述分析，对价值共创中领先用户的主要角色和任务加以归纳，具体如图3-1所示。

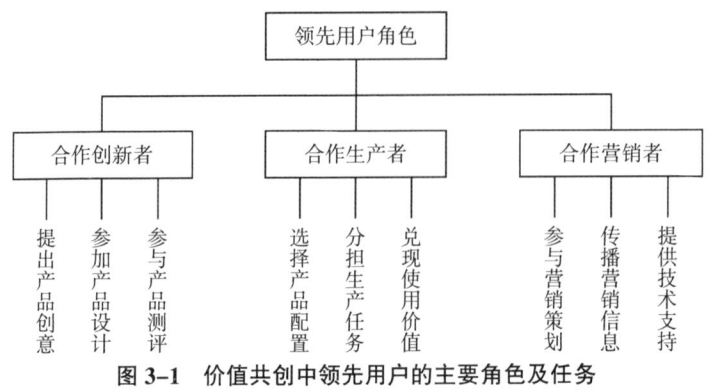

图 3-1 价值共创中领先用户的主要角色及任务

第四节 价值共创视角下领先用户的特征

一、领先用户特征初始量表的形成

自 Von Hipple 教授提出领先用户这个概念以来，一些学者对领先用户应具备的特征进行了持续的研究。随着顾客参与价值共创的日益广泛和深入，领先用户的作用和影响也已经从创新领域扩展到企业价值链的各个环节。因此，站在价值共创的视角重新审视和界定领先用户的特征变得非常必要（杨波，2011；赵晓煜，2013）。本章采用了文献研究法、案例分析法、小组访谈法和深度访谈法等多种定性研究方法，基于现有学术成果，结合典型企业案例、定性访谈记录等对价值共创视角下领先用户的内涵和外延进行了归纳、整理和提炼，形成了领先用户特征的初始量表。该量表由创新性、专业性、参与性、获利性、交互性和影响力 6 个维度和 20 个指标构成。

创新性是指领先用户具有较强的创新意愿和创新能力，能够在价值共创的过程中提出优秀的创意和巧妙的构思，为企业的研发和营销活动带来较高价值（Schreier，2008）；专业性是指领先用户具备参与价值共创所需的专业知识或技能，能够在产品设计等专业性较强的价值共创活动中发挥重要作用；参与性是指领先用户应具有较强的参与意愿和参与条件，愿意投入充足的时间和精力参与价值共创活动；获利性是指领先用户比普通用户能够更加明确地感知到从价值共创中获得的相关利益，这也是促使其参与价值共创的驱动力（Antikainen，2010）；交互性是指领先用户与企业员工和其他顾客沟通互动、协同合作、共创价值的程度；影响力是指领先用户因具有专业性和权威性，因而能够影响他人的认知、观念和行为的能力（Yong，2016；Kratzer，2016）。

二、量表的纯化与检验

采用通行的量表开发程序，根据初步确定的维度和题项开发调查问卷，分成两个阶段进行数据收集和量表纯化。第一个阶段选择了知名的汽车论坛和汽车改装社区作为具体的研究背景，因为很多车主在购车后都会根据个人喜好对爱车进行不同程度的改装，因此，这类论坛或社区中的顾客价值共创行为非常普遍。这个阶段共收集有效问卷213份，采用单项与总体的相关性、探索性因子分析（EFA）等方法进行题项的删除和调整。经过净化后，共保留了初始量表中的18个题项。

在量表开发的第二个阶段，为了消除同源数据可能给研究结果带来的不利影响，选择了智能手机网络社区作为研究背景，这也是近年来顾客参与价值共创非常活跃的一个领域。选择用户活跃度比较高的国内某知名智能手机的网络社区发放问卷，在问卷中声明对填答问卷的被试予以适当奖励以提高其积极性。该阶段共回收有效问卷226份，进一步利用收集到的数据对量表的信度和效度进行检验。通过计算 Cronbach's α 系数来评价量表的内部一致性，结果表明，领先用户特征量表 6 个维度的 α 系数分布在 0.822~0.925，均高于 0.7 的标准，量表的信度通过检验。

进一步对量表的效度进行检验。首先，通过标准化的因子载荷和平均方差提取量（AVE）对量表的收敛效度进行评价。

其次，以 6 个维度作为潜变量，18 个题项作为观测变量构建测量模型，利用结构方程模型软件 AMOS 21.0 进行验证性因子。模型的整体拟合指标依次为 χ^2/df = 4.08，GFI = 0.812，CFI = 0.880，NFI = 0.848，RMSEA = 0.079，上述指标表明数据与模型之间总体拟合良好。同时，18 个题项的标准化因子载荷分布在 0.715~0.955，均大于 0.7；6 个维度的 AVE 值分布在 0.628~0.803，均超过了 0.5 的标准，表明量表具有较好的收敛效度，分析结果如表 3-1 所示。

表 3-1 领先用户特征量表的验证性因子分析

潜变量	题项	标准化的因子载荷	Cronbach's α 系数	AVE 值
创新性	市场上现有的产品不能完全满足我的需求	0.734	0.839	0.628
	我能针对这类产品提出新的产品创意或改进建议	0.715		
	我愿意比别人更早尝试一些刚刚上市的新产品	0.914		
专业性	对于这类产品我的知识较为丰富	0.781	0.916	0.749
	我具有购买和使用这类产品的丰富经验	0.918		
	我觉得我有能力参与这类产品的开发工作	0.892		
参与性	我愿意参与这类产品的研发和生产活动	0.822	0.877	0.710
	我愿意投入时间和精力去做一些和这类产品有关的事儿	0.851		
	我对这类产品很感兴趣，愿意花更多的时间去学习相关知识	0.854		
获利性	我期望在参与这类产品的研发、生产和营销活动后能获得一些额外的奖励	0.764	0.822	0.630
	参与这类产品的研发、生产和营销活动使我获得成就感和愉悦感	0.761		
	参与这类产品的研发、生产和营销活动使我有所收获	0.852		

第三章 顾客在价值共创中的角色及特征

续表

潜变量	题项	标准化的因子载荷	Cronbach's α 系数	AVE 值
交互性	我经常通过各种途径和他人交流这类产品的信息	0.955	0.925	0.803
	我经常帮助其他顾客解答这类产品的相关问题	0.867		
	我经常参与关于这类产品的讨论并积极表达自己的观点	0.864		
影响力	其他人愿意从我这儿获得关于这类产品的信息和建议	0.837	0.922	0.802
	我对这类产品的观点和见解通常能够得到大家的认可	0.940		
	我结交了很多朋友，我愿意给他们提供关于这类产品的建议	0.906		

最后，对量表的区别效度进行检验，结果表明，各维度 AVE 值的平方根均大于维度之间的相关系数，区别效度通过检验，具体如表 3-2 所示。通过上述的分析和检验过程，最终建立了由 6 个维度和 18 个指标构成的领先用户特征量表。

表 3-2 领先用户特征量表区别效度的分析结果

	创新性	专业性	参与性	获利性	交互性	影响力
创新性	0.794					
专业性	0.546	0.865				
参与性	0.311	0.449	0.823			
获利性	0.159	0.145	0.110	0.792		
交互性	0.695	0.629	0.366	0.079	0.896	
影响力	0.573	0.522	0.308	0.054	0.597	0.896

注：矩阵下三角形中的数值为相关系数，对角线上的数值为 AVE 值的平方根。

第五节　领先用户角色与特征的对应关系

通过前面的分析可以看出，领先用户在价值共创中具有重要的地位和作用，承担了合作创新者、合作生产者和合作营销者等多种角色和多重任务。同时，相对于普通用户而言，领先用户具有一些明显的特征，如创新性、专业性、参与性、获利性、交互性和影响力。需要指出的是，不同的价值共创角色对用户能力具有不同的要求。例如，对于创新活动来说，领先用户的创新性和专业性最为重要；而对于营销活动来说，领先用户在其社交网络中的影响力和交互性则是关键因素。因此，深入分析领先用户角色与特征之间的对应关系，有助于企业针对不同类型的价值共创活动来识别和挑选最合适的顾客，以提升价值共创的效果。

仍然选择智能手机社区作为研究背景进行问卷调查。问卷的第一部分用来测度用户在价值共创中的角色类型，典型的问题包括："我能够为企业提出好的想法或创意，帮助它改进产品和服务"（合作创新）、"我自发地通过各种线上和线下渠道了解产品信息、学习如何使用产品和服务"（合作生产）、"我愿意向其他顾客宣传和推广企业的产品和服务"（合作营销）。问卷的第二部分采用了之前开发的领先用户特征量表，对被试的各方面特征加以测量。本阶段共回收有效问卷252份，以领先用户的6方面特征作为自变量，以3类价值共创角色作为因变量做多元线性回归，根据回归分析的结果确定领先用户的价值共创角色与其特征之间的对应关系。

采用逐次回归法进行线性回归，在产生的多个模型中选择判别系数最高，拟合效果最好的模型作为最终模型。以合作创新者为因变量的回归模型为：合作创新者 = 0.572 × 创新性 + 0.236 × 专业性 + 0.188 × 影响力 + 0.132 × 参与性 − 0.744（模型中的参数均在 0.01 的水平上显著），可见，创新性、专业性、影响力和参与性依次为合作创新者的主要特征；以合作生产者为因变量的回归模型为：合作生产者 = 0.350 × 参与性 + 0.297 × 获利性 + 0.248 × 交互性 + 0.262 × 专业性 + 0.793，揭示了参与性、获利性、交互性和专业性对于合作生产最为重要；以合作营销者为因变量的回归模型为：合作营销者 = 0.726 × 影响力 + 0.423 × 交互性 + 0.102 × 专业性 − 0.826，说明影响力、交互性和专业性等特征对于承担这类角色非常重要。

为了更加直观地说明价值共创角色与特征之间的对应关系，将上述分析结果归纳成表格，如表3-3所示。表格中用星号的数量表示对于某种价值共创角色而言某种特征的重要程度。例如，当领先用户承担合作创新者的角色时创新性特征最为重要，用四颗星表示；专业性其次重要，用三颗星表示，以此类推。

表3-3 领先用户角色与特征的对应关系

角色/特征	创新性	专业性	参与性	获利性	交互性	影响力
合作创新者	★★★★	★★★	★			★★
合作生产者		★	★★★★	★★★	★★	
合作营销者		★★			★★★	★★★★

第六节　协同创新社区中领先用户的自动识别方法

一、基于内容分析的领先用户识别方法

协同创新社区是指由企业、顾客或第三方机构建立的、用于支持顾客和其他外部创新源参与企业创新活动的网络社区平台。它的出现拓展了企业与顾客之间的交互方式,为创新导向的企业提供了一种网罗创意、创新产品的有效途径。本节提出了一种用于识别协同创新社区中领先用户的方法,利用用户留存在创新社区中的内容信息和互动信息对用户的"领先性"进行评价,甄选出社区中的领先用户,进而通过对其进行有效的组织和管理来提高新产品开发的效率。

准确地识别领先用户是对其进行有效管理的前提和基础。目前,领先用户的识别方法主要包括筛选法(Screening Approach)和网络法(Networking Approach),这两种方法虽然在原理和程序上有所差异,但都是通过一定的调查或访谈程序,由创新社区中的现有用户来推荐并确定领先用户。上述方法虽然被广泛应用,但其存在以下的局限性:

(1) 带有一定的主观性。在社区内部经常会形成一些具有较为密切联系的小群体,群体成员之间的个人关系会使其在推选领先用户的过程中掺杂一定的感情因素,影响领先用户识别的客观性和准确性。

(2) 可能会遗漏掉一些重要的领先用户。创新社区中的领先用户不同于普通社区中的"意见领袖",有些领先用户虽然具有较高的创新性和专

业性，但在社区中不一定具有较强的人际影响力。因此，采用人工推举的方法可能导致这部分领先用户被遗漏。

随着互联网应用的日益普及，越来越多的顾客开始以协同创新社区为媒介参与到产品和服务的开发过程中。高速成长、易于访问、信息丰富的协同创新社区为识别领先用户提供了良好的条件。大量研究表明：领先用户在创新社区中通常表现出极高的参与热情，他们在社区中留存的信息为研究人员提供了丰富的研究素材。基于领先用户和数据挖掘的相关理论，提出了一种协同创新社区中领先用户的自动识别方法，该方法利用用户留存在创新社区中的内容信息和互动信息对用户的"领先性"进行客观的评价，提高了领先用户识别的效率和准确性。该方法共包括以下三个阶段：

（1）基于领先用户的相关理论，结合协同创新社区中可利用的内容和信息，建立了领先用户的评价指标，从创新性、专业性、互动性和影响力四个方面对用户的"领先性"进行评价。

（2）采用文本分类等数据挖掘方法，对用户留存在创新社区中的内容信息和互动信息进行分析，获取用户在各项评价指标上的具体得分。

（3）对各项评价指标得分进行综合，得到创新社区中每位用户的"领先值"，并据此判断用户的领先性，确定社区中的领先用户群体。

二、创新社区中领先用户的评价指标和识别方法

领先用户在用户群体中所占的比重较低，位于"用户金字塔"的顶端。分析领先用户所具有的特征并建立相应的评价指标，是准确识别领先用户并对其进行有效管理的前提和基础。领先用户概念的提出者 Von Hippel 指出，领先用户至少存在两个明显的特征。首先，领先用户比普通用户具有更为超前的需求；其次，领先用户具有更为积极的创新参与意愿，并期望通过参与创新活动来获得更大的收益。

Morrison（2004）采用领先优势状态（Leading Edge Status，LES）来测量领先用户的特征，在领先用户两个基本特征（较早意识到需求和较高的期望收益）的基础上又增加了两个变量，即用户本人和他人感知的 LES 以及应用创新性。Lüthje（2004）对领先用户的特征进行了全面的归纳，进一步提出了用以识别领先用户的六个指标，即超前的消费需求、精深的产品知识、丰富的使用经验、不满足于现有产品、深入的参与程度和较强的社区影响力。本节基于前人的研究成果，综合考虑协同创新社区中可利用的数据和信息，建立了包括创新性、专业性、互动性和影响力共计四类指标的协同创新社区领先用户评价指标体系。各类指标的具体含义和计算依据如表 3-4 所示。

表 3-4 协同创新社区中领先用户的评价指标

评价指标	评价指标的内涵	评价指标的计算依据
创新性	用户具有超前的需求，并能够根据自己的独特需求形成新的产品概念或创意	用户在创新社区中发布的产品设计、创新创意类帖子的数量
专业性	用户参与创新的专业能力，包括其具有的专业知识和技能	用户在创新社区中发布的知识、技能类帖子的数量
互动性	用户与他人进行交流与合作的意愿，以及支持或帮助他人完成创新活动的意愿	用户在创新社区中分享资源、发起讨论、发表支持、鼓励或帮助类帖子的数量
影响力	用户在创新社区中具有的声誉、威望或资历，以及对其他社区成员的影响力	用户在创新社区中的好友数、粉丝数、积分值等

在一个成熟的创新社区中，留存了用户生成的大量内容和信息，通过对这些数据进行深入分析可以洞察用户的心理和行为。这里，考虑利用上述信息对提出的四类领先用户评价指标进行计算。其中，创新性、专业性和互动性的评价指标值可以通过对用户所发帖子的内容进行分析和归类，再对其进行综合后获得。影响力指标则可以通过对用户的好友数、粉丝数、社区积分等变量进行综合后获得。

下面，具体阐述内容分类及评价指标值的计算过程。

（一）基于内容分析的用户帖子分类

文本分类是指按照预先定义的主题类别，确定文档集合中每篇文档所属类别的过程。对于本节所研究的问题，考虑根据内容将用户的帖子划分为"创新帖""专业帖""互动帖"和"普通帖"。前三类帖子分别反映了用户所具有的创新性、专业性和互动性。这三类帖子以外的其他帖子均划归为"普通帖"，主要指用户发布的记事、感想等其他内容的帖子。

每类帖子都会有一些反映自身语义的特征词。例如，在体现用户具有超前需求和创新意识的"创新帖"中，通常会包括"自己""设计""制作""新产品""DIY"等特定的词汇。因此，可以根据每个帖子的特征词对其进行分类。

采用朴素贝叶斯分类方法对每位用户所发主帖的内容进行分析，具体步骤如下：

（1）在协同创新社区中选择一些典型的帖子，由专业人员对其内容进行分析，并将其划分为"创新帖""专业帖"或"互动帖"，即为帖子加上类标号。将这些已经被提前赋予了类标号的帖子作为训练集，作为后续对其他帖子进行自动分类的依据。

（2）对于某篇待分类的帖子，先采用中文自动分词技术对帖子进行分词处理，之后采用词频统计技术获得体现帖子内容特征的高频词表，再从高频词表中去除不能明确反映帖子内容的"停用词"（Stop Words），如一些副词、介词、连词等，进而获得该帖子的特征词向量，具体表示为 $W = (w_1, w_2, \cdots, w_n)$。

（3）对于每个用特征词向量表示的帖子，采用朴素贝叶斯分类方法预测该帖子属于某类帖子的概率，并最终将其归入所属概率值最大的帖子类别。根据贝叶斯定理，某帖子属于 C_i 类帖子的概率为

$$P(C_i|W) = \frac{P(W|C_i)P(C_i)}{P(W)} \quad \forall_i \qquad (3-1)$$

因为对于所有的帖子类别 $P(W)$ 是常数，所以，只要计算 $P(W|C_i)P(C_i)$ 最大即可。其中，各类帖子的先验概率用 $P(C_i) = s_i/s$ 计算。这里，s_i 是训练帖子集中属于 C_i 类帖子的训练样本数，而 s 是训练样本总数。

（4）直接计算 $P(W|C_i)$ 的难度通常较大，为了简化计算过程，可以做类条件独立假设，即对于给定的帖子类别，假定各特征词之间条件独立，即在特征词间不存在依赖关系，于是有

$$P(W|C_i) = \prod_{j=1}^{n} p(w_j|C_i) \quad \forall_i \qquad (3-2)$$

概率 $p(w_j|C_i)$ 可以由训练样本估值，计算公式为 $p(w_j|C_i) = s_{ij}/s_i$，其中，s_{ij} 是 C_i 类帖子中包含特征词 w_j 的样本数。

经过上述的帖子分类过程，能够对用户发布的所有主帖进行归类，进而通过统计每位用户所发各类帖子的数量来间接地获得该名用户在创新性、专业性、互动性等领先指标上的得分。

（二）评价指标值的计算

为了衡量创新社区中每位用户所具有的创新性、专业性和互动性，先采用前文所述的方法对每位用户所发的主帖进行分类，分别获得每位用户所发"创新帖""专业帖"和"互动帖"的数量。但由于每个帖子在创新社区中受到关注和认同的程度有所不同，因此，考虑根据帖子的点击数和回复数对其分值进行调整。具体方法为：分别依据点击数和回复数，采用聚类分析的方法对帖子进行归类，据此将帖子划分为5类，按照点击数和回复数的高低分别对帖子赋予附加值1，0.8，0.6，0.4和0.2。每个帖子的最终分值 = 1 + 点击数附加值 + 回复数附加值。例如，对于一条点击数排名处于最高类别（获得1分的附加值），回复数排名处于第2类别（获

得 0.8 分的附加值）的"创新帖"，可以为发布该帖子的用户增加 2.8 分的"创新性"得分。

在对每篇主帖进行分值调整后，将每位用户在各类帖子上的得分进行分类汇总，即可分别得到该名用户的创新性、专业性和互动性得分。

以计算创新性得分为例，假设在进行帖子分类后，第 k 个用户共有 I 个"创新类"帖子，则该用户的创新性得分为

$$INNO_k = \sum_{i=1}^{I}(1 + CLICK_i + REPLY_i) \quad \forall_k \quad (3-3)$$

式中，$CLICK_i$ 和 $REPLY_i$ 分别表示第 i 个帖子的点击数附加值和回复数附加值。

同理，按照好友数、粉丝数、积分值等能够反映用户在社区中声望、资历的数据对用户进行排序并加以综合后即可获得用户的影响力指标得分。

按照上述方法计算出的各项评价指标分值可能存在较大差异，不宜直接对它们进行汇总，因此，先对每位用户的各项指标得分进行归一化处理。以创新性为例，第 k 位用户经过标准化之后的创新指标得分为

$$INNO'_k = \frac{INNO_k - INNO_{min}}{INNO_{max} - INNO_{min}} \quad \forall_k \quad (3-4)$$

式中，$INNO_{min}$ 和 $INNO_{max}$ 分别表示创新性得分中的最小值和最大值。

最后，按照下式对每位用户的各项指标进行综合，即可得到第 k 位用户的领先值得分。

$$LEAD_k = \omega_1 INNO'_k + \omega_2 EXP'_k + \omega_3 INTER'_k + \omega_4 INFUL'_k \quad \forall_k \quad (3-5)$$

式中，ω_1，ω_2，ω_3，ω_4 分别表示创新性（$INNO'_k$）、专业性（EXP'_k）、互动性（$INTER'_k$）和影响力（$INFUL'_k$）四类指标的权系数。在具体的评价过程中，可以采用层次分析法（AHP）等综合评价方法加以确定。

三、方法有效性的检验

采用 MyEclipse 作为编程软件实现了本节所述的方法。为了验证其有效性，选择了由德国某知名汽车企业面向中国消费者建立的以"汽车设计"为主题的大型协同创新社区开展研究。

首先，采用传统的人工推举法对该社区中的领先用户进行识别。在社区中随机抽取 500 位用户发出调查邀请，请他们根据自己的感受推选出 20 位该社区中最具创新性、专业性、互动性和影响力的"领先用户"。共有 326 名用户返回调查结果，调查的响应率为 65.2%。根据调查结果，将最终得分居前的社区成员作为该社区的领先用户。

其次，采用本节所述的自动识别方法计算该社区中所有用户的领先性得分，并将得分居前的用户定义为领先用户。进一步地，将自动识别结果与之前的人工推举结果进行对比，具体如表 3-5 所示（表中的用户 ID 为数据库中的标识号，并非用户自行注册的 ID）。可以看出，采用自动识别方法计算出领先值位于前 10 位的用户，有 6 人同样位居人工推举方法的

表 3-5 自动识别方法和人工推举方法的比较

用户 ID	自动计算的领先值（从高到低）	人工推举排名
U83130	3.46	2
U08353	3.27	4
U90297	3.15	1
U94061	3.08	3
U49250	3.01	17
U75575	2.96	11
U62832	2.84	7
U58268	2.65	13
U26472	2.47	23
U74575	2.42	9

前 10 位，两者有 60% 的重合度；两种方法得到的结果具有一定的一致性。

进一步的分析可以发现，一些在人工推举结果中排名较为靠后的用户，如用户 U49250 和 U26472，在自动识别的结果中排名居前。通过对他们所发主贴的分析可以看出：由于其发表的帖子具有较强的创新性和专业性，大多数的普通用户无法完全理解，因此，推举这他们作为领先用户的人数相对较少，导致其领先性被"低估"。而自动识别方法则对这种现象进行了一定程度的"纠偏"。

由此可见，本节提出的自动识别方法具有较高的查准率和查全率。与人工推举方法相比，在提高推荐的客观性和准确性方面具有一定的优势。

第七节　结论与启示

顾客的主动配合和积极参与是价值共创的前提和基础。领先用户是顾客群体中最具创新性和影响力，同时也最有参与意愿和参与能力的群体，他们的带动和引领作用对于开展价值共创活动至关重要。本章对领先用户的角色、特征以及二者之间的对应关系进行了研究，目的在于帮助企业管理者更好地理解价值共创中"核心顾客"的主要行为及典型特征，为企业准确识别领先用户，充分发挥他们在价值共创中的作用提供有益的启示和借鉴，主要的研究结论和管理启示如下：

（1）从研发、生产、营销等企业核心价值活动的视角，对价值共创中领先用户担当的主要角色进行了分析和总结，将领先用户的角色归纳为合作创新者、合作生产者和合作营销者。进一步对每类角色承担的主要工作和任务进行了分析，指出领先用户在合作创新过程中主要承担提出产品创意、参加产品设计和参与产品测评等工作；在合作生产过程中主要承担选择产品配置、承担生产任务和兑现使用价值等任务；在合作营销时主要参与制定营销方案、传播营销信息和提供技术支持。上述研究有助于企业管理者对领先用户的价值共创行为形成系统化、结构化的认识，进而在价值共创的过程中将共创活动的目标、人员、流程等与领先用户的价值共创行为紧密结合，使企业与顾客保持思想和行动上的协调性和一致性，从而提升价值共创的效率和效果。

（2）从各类价值共创角色的能力需求出发，对价值共创中的核心顾客——领先用户的特征进行了深入剖析，提出了领先用户特征的6个维度，即创新性、专业性、参与性、获利性、交互性和影响力，并给出了上述维度的操作性定义。采用通行的量表开发程序，建立了包括18个题项，具有良好信度和效度的领先用户特征量表。以该量表作为测量工具，可以明确地将领先用户和普通用户区分开来，为企业在价值共创过程中高效、准确地发现和识别领先用户提供了一套有效的指标体系。值得注意的是，受资源和能力所限，顾客只能在一个或有限的几个领域内成为领先用户，也就是说，领先用户是与领域相关的。因此，在采用该量表进行领先用户的识别时，一定要根据企业所在行业的实际情况对量表题项加以情景化的处理，以提高识别的准确性。

（3）采用多元线性回归对领先用户角色与特征的对应关系进行了研究，揭示了各类共创角色对用户特征的差异化要求。研究表明：创新性、专业性、影响力和参与性是合作创新者的显著特征，其中，创新性和专业性最为重要，这表明新颖的产品创意、超前的需求意识、专业的知识技能等是领先用户参与合作创新的必备特质；对于合作生产来说，参与性和获利性是领先用户最为明显的标志，这就提醒企业管理者有必要通过物质或非物质激励来提高领先用户的获利感，进而提升其参与合作生产的主动性和积极性；合作营销对领先用户的传播能力有较高的要求，因此，影响力和交互性是参与合作营销的重要特质。综上所述，企业在开展不同类型的价值共创活动时，应根据顾客承担的具体角色去选择具有相应特征的领先用户，并通过领先用户的引领和示范作用吸引更多顾客加入进来，提升价值共创活动的参与性和影响力。

本章案例

小米社区让用户参与管理

北京小米科技有限责任公司成立于2010年，是一家专注于智能硬件和电子产品研发的移动互联网公司，同时也是一家专注于高端智能手机、互联网电视以及智能家居生态链建设的创新型科技企业。"为发烧而生"是小米的产品概念。小米公司创造了用互联网模式开发手机操作系统、发烧友参与开发改进的模式。小米还是继苹果、三星、华为之后第四家拥有手机芯片自主研发能力的科技公司。

小米社区是小米官网旗下小米手机粉丝交流社区，为上千万小米手机粉丝提供包含"小米手机学院""小米同城会""小米游戏软件下载""酷玩帮""小米随手拍"在内的众多分类内容，深受广大小米手机粉丝喜爱。为了加强对小米社区的管理，小米公司定期招聘热心"米粉"加入社区管理服务团队。为了保证招聘过程的规范性，小米出台了详尽的招聘标准和要求。具体如下：

（1）认同并热爱小米文化，有正确的权利观，强烈的服务意识。

（2）性格成熟，待人有礼，开朗热情，对待"米粉"像家人，有持之以恒的优秀品质；同时具有创新意识，擅长调动版块内"米粉"的积极性。

（3）必须无条件遵守社区各项管理规定，主动并愿意服从管理员的指导和管理。

（4）需要对自己所申请的板块有相应的了解和认知。

（5）必须有充足的上网时间和持续的热情来管理版务，每天在线时长不得少于4小时。

（6）需要具备一定的组织、管理、协调能力，具有很强的团队意识和团队精神。

（7）在论坛的注册时间要求3个月以上，没有被警告、封号、举报、禁访、禁言的历史记录。

（8）熟识论坛程序，能够准确无误地描述论坛基本操作功能，并能有效操作。

（9）具备良好的文字编辑能力，针对当前热点事件，能够在自己所申请版块即时发表原创帖一篇，同时在社区累计拥有5篇以上优秀高质量原创帖。

（10）了解所申请版块规则，能够快速找出灌水用户20个，违规内容10个。

（11）如果目前已经是特殊用户组成员，需要先放弃原来的特殊用户组，再来申请版主职务。

（12）能长时间在线的"米粉"优先考虑。

同时，还要求用户成功应聘成为版主后，需要遵守以下规定和要求：

（1）愿意无条件服从小米社区管理，遵守各项管理规定。

（2）愿意放弃自己的业余时间，全身心投入到版务处理之中。

（3）愿意按照公平、公正、公开的标准给帖子加精、推送。

（4）愿意公正处理所有投诉问题。

（5）任何情况下都不能使用自己的账号或小号对他人进行骚扰、谩骂、攻击或表现出其他违规行为。

为了提升这些用户承担社区管理工作的积极性，小米公司还出台了一系列激励措施，具体包括：

（1）荣誉身份。实习转正后将获得社区版主专属勋章，优秀版主有机会推荐到社区首页。

（2）优先体验酷玩及新品的资格。

（3）优先参与官方线下及年度重大活动。例如新品发布会、年终小米家宴、橙色跑、同城会新品品鉴等。

（4）近距离与官方团队沟通，结识志同道合的朋友，锻炼个人组织协调能力，积累论坛管理经验。

（5）考核达标的版主给予经验及丰厚的实物奖励。

通过上述案例可以看出，小米社区在招聘用户承担社区管理工作时，非常注重用户是否具有强烈的参与意愿（参与性）和创新性，以及是否具有专业性、交互性。同时，为了满足这些用户获利性的需求，还制定了相应的激励机制，以提高用户从事社区管理工作的主动性和积极性。

第四章
面向价值共创的顾客组织社会化策略

第一节 本章的研究意义及主要内容

顾客与企业进行价值共创的过程也是双方相互了解、相互适应、相互融合的过程。为了更好地参与价值共创，顾客不仅要认同企业的经营理念、经营目标、企业文化和价值观，也需要具备参与价值共创所需的知识、经验和技能，熟悉和胜任自己在价值共创中需要承担的角色和任务。可见，企业不仅要重视和加强对员工的培训和开发，还需要对顾客进行适当的教育和引导，使其更好地胜任并参与价值共创活动。

本章基于价值共创、组织社会化和顾客教育等相关理论，对面向顾客的组织社会化的内涵和维度进行了分析，将面向顾客的组织社会化划分为组织文化社会化、角色社会化、技能社会化和人际社会化四个维度，验证了面向顾客的组织社会化以组织认同感、自我效能感和利得感为中介变量，对顾客价值共创行为具有正向的影响。进一步归纳和总结了面向顾客开展组织社会化的具体策略和方法，期望为企业有效地利用顾客资源进行价值共创提供有益的启示和借鉴。

第二节　从顾客教育到面向顾客的组织社会化

一、顾客教育的内涵和外延

顾客教育（Customer Education）的提出已经有30多年的历史。Laukkanen等（2009）指出：对于复杂的、需要顾客高度参与的服务而言，顾客教育比普通的营销沟通策略（如广告、销售促进等）更为有效。Mcneal（1987）最早对顾客教育的内涵和作用进行了阐释，并指出企业为了更好地推广其产品和服务，应该承担起教育顾客的责任，并会因此获得更大的收益。Hennig-thurau等（2005）指出：产品和服务的价值最终需要通过消费来兑现，顾客能够从产品和服务中获取多少价值与其所具有的相关知识和技能密切相关，企业可以通过实施教育和培训项目来丰富顾客的知识与技能，提升顾客的"专业性"。

准确界定"顾客教育"的内涵是开展相关研究的基础，其中，Meer（1984）给出的定义最具代表性。他指出：顾客教育是由企业发起，针对某种产品或服务开展的具有目的性、持续性和组织性的教学活动，旨在向顾客或潜在顾客传授产品知识和使用技能，并引导其形成正面的产品态度。Noel等（1990）指出，与销售人员现场介绍或顾客自行阅读用户手册等常规的顾客沟通方法不同，顾客教育应具有正式的教学计划，严密的教学组织，并采用各种手段引导顾客积极参与，即顾客教育应具有计划性、组织性、交互性和系统性。

Aubert（2005）指出，要避免将顾客教育与另一个相近的概念——消费者教育（Consumer Education）相混淆。消费者教育通常由政府部门（如工商行政管理部门）或公共组织（如消费者协会）发起，旨在帮助消费者正确树立消费理念，充分掌握消费知识，并如愿获得期望的消费结果。消费者教育通常并不针对某种具体的商品或某个品牌，而是针对某类产品或某个行业，更多出于公益目的而非商业目的。

顾客教育的作用可以从企业和顾客两个视角分别衡量（Eng，2009；Mittal，2001）。对于企业而言，通过举办顾客教育项目能够使自己的产品或服务被更多潜在顾客所知晓，增强顾客对企业的信任感，提升顾客的满意度和忠诚度。顾客教育还可以显著减少消费者对产品的误用及抱怨，有助于降低技术支持和售后服务的成本。对于顾客来说，通过参加顾客教育活动可以学习更多的产品和服务知识，合理地做出购买决策；也能够掌握更多的使用技能，正确地使用产品或体验服务，充分挖掘产品或服务中蕴含的利益和价值，更好地满足自己的消费需求。

通过对以往文献的分析和总结，将顾客教育划分成知识教育和技能教育2个维度。知识是一个复杂的多维度概念，是指认知主体对外在事物正确认知后所形成的信念。营销研究中涉及的往往是特定领域的知识子集，如消费知识、产品知识等。Blackwell等（2001）将消费知识定义为"存储在人们的头脑中关于产品购买和消费的信息"，并从内容上将消费知识划分成3种类型，即产品知识、购买知识和使用知识，其中产品知识又包括以下三方面的内容，即知晓产品或品牌的存在、了解产品的功能和特性、明确产品能够带来的利益和价值。

技能是将知识自动运用到智力或体力活动中的能力。技能也是一个内涵复杂的多维度概念，技能可以被划分为认知技能、反应技能、社会技能和技术技能。其中，技术技能指的是对某项活动，尤其是对涉及方法、流程或技巧的特定活动的理解程度和熟练程度。顾客教育研究中的技能，主要是指消费者正确使用产品或参与服务的技术和能力，属于技术技能的范畴。研究表明，顾客技能的提升对于其采纳新产品和参与产品创新具有积极影响（Liu，2012）。

大多数顾客参与行为都要求顾客具备一定的参与技能。例如，在美容服务中，顾客不仅需要在美容机构接受专业服务，还应该掌握一些美容技巧以便在平时自行完成一些美容护理，以获得最佳的美容效果。顾客在参加一些教育或培训项目时，也需要掌握一些学习或复习技巧，以便更好地理解和掌握课堂上所学的知识。随着科技的飞速发展，面对面的服务正在逐渐被创新性的自助服务（SST）所取代，网络银行、自助加油、自助值机等服务形式日益普及，这就要求顾客做好相应的技术准备，以便充分享受自助服务带来的巨大便利。

二、社会化与面向顾客的组织社会化

社会化（Socialization）是广泛应用于社会学、社会心理学、人类学、政治学和教育学领域的一个重要概念。最早由德国的社会学家 Simmel 提出，是指个体与自身所处的社会环境和社会关系进行互动，完成社会文化内化和角色知识学习，形成与社会生活相适应的个性和人格，认同并遵循社会的价值标准和行为规范，从而实现从自然人到社会人转化的整个过程。Schein（1968）将"社会化"一词引入组织管理领域，提出了组织社会化（Organizational Socialization）的概念。具体来说，组织社会化是指组织成员学习并接受组织所倡导的价值观，了解和适应自身的组织角色，掌握完成组织交付任务所需的知识和技能，最终达成组织期望和要求的过程。

近年来，组织社会化一直是组织行为和人力资源管理领域的研究热点，人们对组织社会化的概念内涵、维度构成、作用效果和实施策略进行了深入研究。一般认为，组织社会化的结构和内容包括：组织价值观、组织目标、工作角色、胜任能力、组织氛围和人际关系等。组织社会化的过程是员工与组织双向互动的过程。一方面，组织通过宣传、培训等方式教育和影响新进员工；另一方面，员工自己也会通过信息收集、建立关系等途径来了解和适应组织。人们还对组织社会化的作用机理和作用效果进行了大量的研究，证实了组织社会化对于员工的工作表现和工作绩效所具有的积极影响。具体来说，有效的组织社会化有助于提高员工士气、端正工作态度、提升业务能力、加强沟通合作、形成组织承诺，最终实现工作绩效的提升和改善。

Mills 和 Morris（1986）最早将"组织社会化"的概念引入到营销领域，提出了"面向顾客的组织社会化"。其内涵可以概括为：将顾客视为企业人力资源的组成部分，通过各种正式或非正式的社会化策略，使顾客了解企业的理念和目标，明确自身在消费过程中的角色和责任，掌握相关的消费知识和技能，明确能够获得的消费利益，并通过购买和使用产品或服务进行价值创造的过程。Laukkanen 等（2009）指出：对于复杂的、需要顾客高度参与的价值共创活动而言，面向顾客的组织社会化比普通的营销沟通策略（如广告、销售促进等）更为有效。同时，顾客社会化应具有正式的计划、严密的组织，并采用各种手段引导顾客积极参与。

面向顾客的组织社会化强调以顾客为中心的信息沟通，即通过人际互动、有形展示和参与体验等方式，对顾客产生教育作用。徐岚指出，顾客社会化可以从三个层面展开，即组织层面、群体层面和任务层面（徐岚，2012）。组织层面的顾客社会化是指通过组织形象宣传、企业绩效展示、社会责任沟通等方式，使顾客认同企业的理念、目标和价值；群体层面的顾客社会化是指利用人际和群体互动来影响顾客，使其了解自己在互动中应该扮演的角色和承担的责任,具体的途径包括群体促进、顾客示范和同伴支持等;任务层面的顾客社会化是指通过顾客培训、咨询引导、有形线索等方式使顾客理解和掌握参与合作生产所需的知识和技能。总的来说,面向顾客的组织社会化主要包括理念与价值观的社会化、角色和责任的社会化以及知识和技能的社会化等方面的内容。

第三节　理论模型和研究假设

本章在现有研究的基础上,对相关核心概念的内涵加以深入剖析,将面向顾客的组织社会化划分为组织文化社会化、角色社会化、技能社会化和人际社会化4个维度,建立了以面向顾客的组织社会化为自变量、以组织认同感、自我效能感和利得感为中介变量,以顾客价值共创行为为因变量的理论模型,对上述变量之间的关系及作用机制加以揭示,具体如图4-1所示。

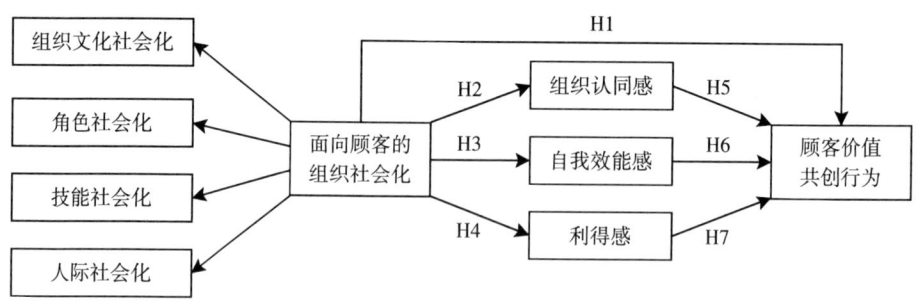

图4-1　本章的理论模型

第四章 面向价值共创的顾客组织社会化策略

一、面向顾客的组织社会化与顾客价值共创行为

网络技术的飞速发展为顾客参与价值共创提供了丰富的渠道和便捷的途径，顾客与顾客之间、顾客与企业之间的沟通和互动突破了时间与空间的限制，顾客参与价值共创的现象越来越普遍和广泛（Büttgen，2012；Guo，2013；汪涛，2011）。但需要注意的是，顾客通常缺乏主动参与价值共创的动机和意愿，因此，为了使顾客更好地参与价值共创活动，企业必须要加强对顾客的宣传、引导和教育。Halbesleben（2004，2013）指出，顾客在价值创造的过程中发挥着越来越重要的作用，企业不仅要重视和加强对内部员工的培训和开发，还需要对外部顾客进行适当的教育和引导，使其更好地胜任并参与价值共创活动。

首先，企业应该通过各种途径让顾客知晓和了解企业的经营理念、组织文化和价值观，并使其逐渐内化到顾客的思想和行动之中，提升顾客对企业的认同感，进而提升顾客参与价值共创的主动性和积极性。

其次，企业还应该让顾客明确地知道各项价值共创活动（如合作创新、合作生产和合作营销等）的目标、流程、规范，以及企业期望顾客在价值共创活动中扮演的角色和承担的任务及职责，进而使企业与顾客之间相互合作、紧密配合、共创价值。

再次，参与价值共创往往需要顾客具备一定的知识、经验和技能，因此，企业有必要通过顾客教育或顾客培训来提升顾客参与价值共创的能力和水平。

最后，顾客参与价值共创并非孤立的个体行为，通常需要与他人合作来共同完成，因此，企业需要引导顾客掌握与企业员工和其他顾客的互动技巧，使其更好地参与到价值共创中。

基于价值共创和组织社会化的相关理论，本章将面向顾客的组织社会

化划分为组织文化社会化、角色社会化、技能社会化与人际社会化。其中，组织文化社会化是指企业通过有效沟通，使顾客知晓和理解组织的经营理念和核心价值观；角色社会化是指企业明确说明顾客在价值共创中应该扮演的角色和承担的责任，引导顾客按照企业期望的方式参与到价值共创的过程中；技能社会化是指企业帮助顾客学习和掌握参与价值共创所需的知识、能力和技巧，使其更好地融入价值共创的过程中（赵晓煜，2013）；人际社会化是指企业引导顾客与员工之间、顾客与顾客之间建立良好的人际关系，保持友好的互动交流氛围，通过良好的互动提升价值共创的效果。

由上述分析可知，面向顾客的组织社会化有助于从理念、角色、技能和互动四个方面提升顾客参与价值共创的意愿和能力，进而对顾客价值共创行为产生积极的影响，因此，提出如下假设：

H1：面向顾客的组织社会化对顾客价值共创行为具有正向影响。

二、面向顾客的组织社会化与顾客的组织认同感、自我效能感和利得感

为了更为深入地刻画面向顾客的组织社会化影响顾客价值共创行为的内在机制，基于相关文献（徐岚，2018；刘洪深，2013）和定性访谈，提出将顾客的组织认同感、自我效能感和利得感作为中介变量，具体分析如下：

面向顾客的组织社会化有助于提升顾客的组织认同感（郭云贵，2016；滕飞，2017），其原因包括：首先，通过组织文化社会化，可以使顾客更深入地了解企业的使命、愿景、价值观、经营宗旨和发展目标等，逐渐熟悉、适应和接受组织的理念和文化；其次，角色社会化可以使顾客了解自身在价值创造中的责任和义务，显著降低顾客在共创过程中的角色模糊和角色冲突，进而表现出与企业期望相一致的行为；再次，技能社会化有助于提升顾客参与价值共创的知识和技能，满足顾客自我提高和自我发展的

第四章 面向价值共创的顾客组织社会化策略

内在需要；最后，人际社会化有助于企业与顾客之间形成良好的互动氛围，消除相互学习、相互合作的隔阂和障碍，逐渐从"圈外人"变为"圈内人"，增加对企业的认同感。综上，提出如下假设：

H2：面向顾客的组织社会化对顾客的组织认同感具有正向影响。

自我效能感是指个体对自身能否运用所具备的知识和能力去完成特定任务的自信程度，对个体的行为选择以及为达到目标所做的坚持和努力具有显著影响。在价值共创情境下，自我效能感是顾客对于自身能否顺利参与并完成价值共创活动的自信程度和主观判断。组织文化社会化和角色社会化有助于顾客了解参与价值共创活动的积极意义，理解自身在价值共创过程中应该承担的责任和扮演的角色，建立参与价值共创的意识和信念；技能社会化和人际社会化有助于顾客掌握参与价值共创所需的知识和技能，与企业员工和其他顾客建立良好的互动关系，建立通过自身努力和互动合作来达成预期目标的自信心。因此，提出如下假设：

H3：面向顾客的组织社会化对顾客的自我效能感具有正向影响。

利得感是指顾客在消费过程中对自身获得的物质利益和精神利益的整体感知，是顾客表现出参与行为或合作行为的主要驱动因素。研究表明，参与价值共创可以给顾客带来诸多的消费利益，例如，顾客可以按照自身的需要，与企业共同打造个性化的产品或服务，满足自己的独特需求。此外，在参与价值共创的过程中，顾客在相关领域的知识和技能可以得到一定提升，满足顾客自我提高和自我发展的内在需要，使其获得更多的成就感。同时，顾客还可以通过合作创新、合作生产和合作营销等价值共创活动获得新奇体验和探索乐趣。而面向顾客的组织社会化可以使顾客更好地体验和感受上述的物质利益和心理利益，进而持续地参与价值共创。基于上述分析，提出如下假设：

H4：面向顾客的组织社会化对顾客的利得感具有正向影响。

三、组织认同感、自我效能感、利得感与顾客价值共创行为

计划行为理论指出,态度、主观规范和知觉行为控制是决定个体行为意向和最终行为的主要驱动因素。由前述分析可知,面向顾客的组织社会化有助于提升顾客的组织认同感、自我效能感和利得感。其中,组织认同感和利得感有助于顾客形成对价值共创的积极态度,自我效能感则可以显著提升顾客参与价值共创的知觉行为控制。同时,对组织的认同感与参与组织的价值共创活动之间具有意愿和行为的一致性,这也与顾客的主观规范相匹配。由此可知,面向顾客的组织社会化通过提升顾客的组织认同感、自我效能感和利得感来促进顾客的价值共创行为,故提出如下假设:

H5b:组织认同感对顾客价值共创行为具有正向影响(H5a),且在面向顾客的组织社会化与顾客价值共创行为之间起中介作用。

H6b:自我效能感对顾客价值共创行为具有正向影响(H6a),且在面向顾客的组织社会化与顾客价值共创行为之间起中介作用。

H7b:利得感对顾客价值共创行为具有正向影响(H7a),且在面向顾客的组织社会化与顾客价值共创行为之间起中介作用。

第四节 研究设计与数据分析

一、概念测量和数据收集

互联网的飞速发展为顾客参与价值共创提供了强大的技术支持,网络社区作为一种重要的互联网应用形式,已经成为顾客参与企业价值共创的

第四章　面向价值共创的顾客组织社会化策略

主要途径之一。例如，知名智能手机企业小米公司的小米社区是小米产品的忠实用户——"米粉"们最为重要的互动交流平台和价值共创平台。通过小米社区，"米粉"们可以交流手机的使用心得和使用技巧，参与企业的各种互动活动，甚至是参与小米手机的开发和改进。因此，本章以某知名智能手机厂商建立的网络社区作为研究背景进行数据收集，据此对提出的理论模型进行检验。

首先，基于对相关文献的归纳总结，形成了初始问卷；其次，召集曾经参与过价值共创活动的顾客开展焦点小组访谈，对问卷进行语义分析和内容确认，对存在歧义或语义不清的题项进行了修正，以保证问卷的内容效度。进而利用修订后的问卷开展预调研，使用 SPSS 统计软件，采用单项与总分的相关分析、探索性因子分析（EFA）等统计方法进行题项的调整和删除，对初始问卷进行了净化处理，并形成了最终的调查问卷。

面向顾客的组织社会化的测量题项参考和借鉴了 Chao（1994）、Haueter（2003）以及王明辉（2006）等的研究成果，4 个维度共筛选了 15 个指标；基于 Mael 等（1992）的研究，选取了 4 个题项测量组织认同感；自我效能感借鉴了 Schwarzer（1997）的研究成果，采用 3 个题项进行测量；利得感则选取了 Chen（2005）研究中的 4 个题项进行测量；基于 Groth（2005）、Shamim（2017）、郜蒙等（2017）的研究，选取 4 个测度指标对顾客价值共创行为加以测量。上述题项均采用李克特 7 级量表，从非常不同意（1）到非常同意（7）。具体题项如表 4-1 所示。在问卷的最后一部分，要求被试填写其个人信息，包括性别、年龄、职业以及个人月收入等。

通过调查共计回收问卷 263 份，剔除无效问卷 31 份，最终得到有效问卷 232 份，有效率为 88.21%。其中，男性和女性分别为 119 人和 113 人，比例较为接近；各年龄段的人数和比例（括号内数字）依次为 20 岁以下 27 人（11.64%），20~35 岁 133 人（57.32%、），36~50 岁 64 人（27.59%），

表 4-1　测量模型的验证性因子分析

潜变量	测量题项	标准化的因子载荷	Cronbach's α 系数	AVE 值
组织文化社会化	该企业通过网站、宣传册等多种方式向顾客告知企业的基本情况（如经营现状、发展趋势、主要业绩等）	0.742	0.842	0.634
	该企业能够清晰地向顾客传递企业的使命和经营宗旨（例如沃尔玛的"帮顾客节省每一分钱"）	0.796		
	该企业能够通过人员、产品或媒体等传递企业的理念	0.831		
	该企业员工很好地展现了该企业的企业文化	0.814		
角色社会化	该企业会告知顾客在参与价值共创过程中应承担的任务	0.748	0.803	0.603
	该企业会告知顾客参与价值共创的行为规范	0.842		
	该企业会告知顾客在参与价值共创前需要做的准备工作	0.735		
技能社会化	该企业会向顾客传递一些对参与价值共创有帮助的信息	0.782	0.786	0.614
	该企业的员工会为顾客讲解产品或服务的相关知识或使用技能	0.817		
	该企业的员工会教授顾客如何更好地使用企业的产品或服务	0.773		
	该企业的员工会告诉顾客如何更好地参与价值共创活动	0.761		
人际社会化	该企业的员工亲切友好地与顾客进行沟通交流	0.773	0.774	0.621
	在价值共创的过程中，该企业会与顾客进行充分沟通	0.747		
	该企业为顾客与员工、顾客与顾客搭建沟通平台（如网站、社群等）	0.825		
	该企业鼓励顾客通过线上或线下的方式分享与本企业相关的产品或服务信息	0.804		
组织认同感	我关注该企业的相关信息和发展状况	0.819	0.817	0.634
	当该企业受到批评时，我会对这些负面评价提出质疑	0.781		
	我认为该企业的价值观跟我是相似的	0.733		
	对于其他人如何评价该企业，我很感兴趣	0.847		
自我效能感	我具备参与价值共创的知识和技能	0.759	0.769	0.610
	我有把握地完成价值共创中需要我做的事情	0.796		
	我能够应对价值共创中遇到的一些问题和麻烦	0.786		
利得感	参与价值共创对于我来说有所收获	0.850	0.853	0.675
	与参与该企业价值共创所获得的收益相比，我认为付出的时间精力是值得的	0.749		
	参与该企业价值共创达到了我预期的效果	0.861		

续表

潜变量	测量题项	标准化的因子载荷	Cronbach's α 系数	AVE 值
顾客价值共创行为	我会为该企业开发新产品提供自己的创意或想法	0.817	0.829	0.628
	我愿意和该企业的员工共同完成某项任务	0.832		
	我愿意向我身边的人推荐该企业的产品和服务	0.774		
	我愿意主动向该企业反馈我的消费体验和感受	0.745		

50岁以上8人（3.45%）。由此可见，中青年人群是参与价值共创活动的活跃群体。此外，样本在人均月收入和职业方面分布得较为均匀，体现出被试具有较好的代表性。

二、测量模型的检验

采用两阶段法进行数据分析。首先，采用验证性因子分析（CFA）对测量模型进行检验，探查所采用的测量题项能否较好地反映对应的潜变量。其次，采用结构方程模型软件对提出的关系模型进行检验，确认各变量之间的作用和影响。

采用 AMOS 进行验证性因子分析（CFA），对测量模型进行检验，具体分析结果如表 4-2 所示。

对测量模型进行验证性因子分析的具体结果如下：$\chi^2/df = 2.017$，GFI = 0.920，CFI = 0.946，NFI = 0.901，RMSEA = 0.065，上述指标表明数据与模型之间总体拟合良好。所有题项的标准化因子载荷均大于 0.7，各构念或维度的 AVE 值均大于 0.5，说明模型中的各潜变量均具有较好的收敛效度。进一步由表 4-2 可知，各潜变量 AVE 值的平方根均大于变量间的相关系数，说明采用的量表具有较好的区别效度。此外，各潜变量 Cronbach's α 系数的取值均超过了 0.7 的标准，表明量表具有较好的内部一致性，可以对潜变量进行可靠的测量。

表 4-2 区别效度的分析结果

潜变量	均值	标准差	A	B	C	D	E	F	G	H
组织文化社会化 A	3.601	0.721	0.796							
角色社会化 B	3.696	0.764	0.532	0.776						
技能社会化 C	3.678	0.676	0.602	0.465	0.784					
人际社会化 D	3.620	0.735	0.596	0.629	0.465	0.788				
组织认同感 E	3.493	0.760	0.482	0.576	0.369	0.613	0.796			
自我效能感 F	3.830	0.645	0.488	0.502	0.329	0.496	0.606	0.780		
利得感 G	3.629	0.711	0.551	0.606	0.392	0.598	0.695	0.755	0.822	
顾客价值共创行为 H	3.722	0.655	0.499	0.563	0.492	0.590	0.631	0.633	0.636	0.793

注：矩阵下三角形中的数值为相关系数，对角线上的数值为 AVE 值的平方根。

三、结构模型和中介效应的检验

进一步采用结构方程模型（SEM）对提出的理论模型进行检验，具体结果如下：$\chi^2/df = 2.110$，$GFI = 0.905$，$CFI = 0.911$，$NFI = 0.879$，$RMSEA = 0.069$。上述结果表明数据与模型之间的整体拟合程度良好。表 4-3 给出了结构模型的具体检验结果。

表 4-3 结构模型的检验结果

假设路径	标准化路径系数	C.R.值	结论
H1：面向顾客的组织社会化→顾客价值共创行为	0.853	10.800***	支持
H2：面向顾客的组织社会化→组织认同感	0.741	8.857***	支持
H3：面向顾客的组织社会化→自我效能感	0.664	7.940***	支持
H4：面向顾客的组织社会化→利得感	0.712	8.472***	支持
H5a：组织认同感→顾客价值共创行为	0.564	4.981***	支持
H6a：自我效能感→顾客价值共创行为	0.532	4.639***	支持
H7a：利得感→顾客价值共创行为	0.465	3.897***	支持

注：** 表示 $p < 0.01$，*** 表示 $p < 0.001$。

第四章 面向价值共创的顾客组织社会化策略

由表 4-3 可以看出：面向顾客的组织社会化对顾客价值共创行为、组织认同感、自我效能感和利得感均具有显著影响。同时，组织认同感、自我效能感、利得感对顾客价值共创行为也具有显著影响，因此，假设 H1~H4，以及假设 H5a、假设 H6a、假设 H7a 均得到支持。

采用依次检验法对各中介变量的中介效应进行检验。例如，为了检验组织认同感在面向顾客的组织社会化和顾客价值共创行为之间的中介作用，按以下步骤进行检验：①验证面向顾客的组织社会化对顾客价值共创行为的作用显著（$\beta = 0.853$，$p < 0.001$）；②验证面向顾客的组织社会化对组织认同感的影响显著（$\beta = 0.741$，$p < 0.001$）；③验证组织认同感对顾客价值共创行为的影响显著（$\beta = 0.564$，$p < 0.001$）；④以面向顾客的组织社会化和组织认同感为自变量，顾客价值共创行为为因变量做回归分析。结果表明：组织认同感与顾客价值共创行为的关系仍然显著（$\beta = 0.418$，$p < 0.001$），而面向顾客的组织社会化与顾客价值共创行为之间的相关性显著降低（$\beta = 0.348$，$p < 0.001$）。由此可见，组织认同感在面向顾客的组织社会化与顾客价值共创行为之间具有部分中介作用，假设 H5b 得到验证。

按照上述检验程序对自我效能感和利得感的中介效应做进一步检验。分析结果表明，自我效能感和利得感均在面向顾客的组织社会化与顾客价值共创行为之间起部分中介作用，假设 H6b 和假设 H7b 得到验证。上述结果揭示了面向顾客的组织社会化影响顾客价值共创行为的中间心理机制。

第五节 结论与启示

一、研究的理论分析

顾客是企业价值创造中的重要资源和主要参与者，顾客通过参与企业的创新、生产和营销等核心价值活动与企业进行价值共创，进而使自己获得更高的消费价值和更好的消费体验。对顾客资源和顾客价值共创行为进行有效管理是促使价值共创活动从无序到有序、从局部到整体、从零散到系统的必然选择。本章研究了面向顾客的组织社会化对顾客价值共创行为的影响，其理论意义如下：

（1）将顾客视为企业的"兼职员工"和"价值共创者"，正如企业对新进员工进行组织社会化，使其接受组织的价值观，了解自身的组织角色，获得所需的职业能力，遵从组织的行为规范，表现出组织所期望的行为一样，企业通过系统开展面向顾客的组织社会化，可以有效提升顾客对企业的认同感、自我效能感和利得感，使企业的理念和价值观、与产品相关的知识和技能等逐渐"内化"到顾客的思想和行为中，进而对顾客价值共创行为产生积极的影响。这为管理顾客价值共创行为提供了新的理论视角，提醒管理者组建专门机构，合理制定计划、制度和流程，面向顾客系统、有序地开展组织社会化，进而更好地培育和使用客户资源，提升价值创造活动的效果和效率。

（2）通过深入分析面向顾客的组织社会化的内涵和外延，将面向顾客的组织社会化划分为组织文化社会化、角色社会化、技能社会化和人际社

第四章 面向价值共创的顾客组织社会化策略

会化4个维度,建立了由15个题项组成的测量量表。该量表揭示了面向顾客的组织社会化的具体内容,为企业开展相关工作提供了借鉴和指引。研究表明,企业应该利用各种途径加强与顾客的沟通和互动,积极传播企业的理念和价值观,使顾客明晰其在价值共创活动中承担的角色和任务,帮助顾客掌握和提升参与价值共创的知识和技能,促使顾客与企业员工和其他顾客形成良好的互动关系,通过组织这些活动来有效推进面向顾客的组织社会化,提升顾客参与价值共创的意愿和能力。

(3)对面向顾客的组织社会化影响顾客价值共创行为的心理机制进行了分析和揭示,证实了组织认同感、自我效能感和利得感所起的中介作用。研究表明,企业在面向顾客进行组织社会化的过程中,应加强对顾客的需求和偏好、认知和观念、心理和行为的调查和分析,合理选择沟通方式,精心设计沟通内容,有序推进面向顾客的组织社会化,使组织社会化得到顾客的接受和认可,进而提升顾客的组织认同感。同时,企业应该对各项价值共创活动需要顾客完成的任务以及所需的知识和能力进行认真分析,并据此开展角色社会化和技能社会化,提升顾客参与价值共创的胜任力和自我效能感。企业还要充分说明参与价值共创能够给顾客带来的物质利益和心理利益,增强顾客的利得感,提升顾客参与价值共创的主动性和积极性。

二、研究的实践启示

基于面向顾客的组织社会化的内涵和外延,开发了该概念的测量量表,该量表为开展面向顾客的组织社会化提供了一定的借鉴和启示,具体分析如下:

(1)组织文化是组织理念和价值观最为直接的体现和表达,面向顾客传播组织文化中的内涵和精髓,有助于树立企业的良好形象,使顾客加深对企业的了解，增加对企业的认同感，提升企业对外的吸引力和影响力。在进行组织文化社会化的过程中，企业应认真归纳和总结文化核心层（包括宗旨、理念、价值观等）中对顾客而言具有积极意义和正面影响的文化元素和内容，精心制订传播计划，充分利用人（企业家、员工等）、物（产品、服务、品牌标识等）、活动（习俗仪式、广告宣传）等各类传播载体，与顾客进行沟通和互动，有效进行企业文化的宣传与推广。同时，要充分发挥新媒体（如微博、微信、网络社区等）在组织文化传播中的重要作用，提升顾客对企业的认同感（Jarvenpaa，2013）。

（2）顾客通常以合作创新者、合作生产者、合作营销者等多种角色参与到企业的核心价值活动中。例如，为产品和服务设计提供创意和构想，与企业进行合作设计；在产品或服务的生产、交付过程中完成部分本应由企业完成的任务，即参与合作生产；或通过口碑传播，帮助企业进行产品或服务的宣传、推广和营销。为了使顾客将自身的资源（如信息、时间、体力、金钱和情感）和能力（如知识、技能和经验）更好地与价值创造的需要相融合，企业必须先明确地界定价值共创活动中顾客的角色、责任和任务，这类似于人力资源管理中为员工制定的岗位职责，然后通过各种渠道和途径将这些角色或任务清晰地传达给顾客，以消除顾客的角色模糊和角色冲突。

（3）技能社会化主要包括知识讲授和技能训练两个方面。企业需要结合所在行业、自身产品以及价值共创活动的特点，对顾客参与价值共创所需的知识和技能进行系统分析，并以此为依据来设计技能社会化的培训方案和培训内容。在实施技能社会化时，不仅要加强对产品和服务知识的讲解，还应尽可能提供实际的体验环境，使顾客通过学习和模仿来提升参与价值共创的知识和技能。另外，需要注意的是，顾客在承担不同价值共创角色时需要培养和提升的能力也有所不同。例如，合作创新需要顾客具备较强的创新型和专业性，合作营销则需要顾客具有较强的人际互动能力和影响他人的能力。因此，企业应根据顾客承担的角色有针对性地选择技能社会化的具体内容。

（4）顾客参与价值共创通常并非孤立的个体行为，顾客与企业员工和其他顾客之间的互动及合作在价值共创的过程中发挥着重要作用，因此，价值共创中的人际社会化需要被充分地关注和重视。企业要充分利用不同顾客所具有的不同信息来源、知识结构和思维方式，在群体中形成学习和互补效应；同时，鼓励群体成员之间主动沟通，加强合作，建立友谊，相互勉励，相互帮助，充分激发群体动力，将协同效应最大化。总之，企业应该与顾客共同营造融洽的共创氛围，建立友好互助的人际网络，倡导学习、合作与分享的共创精神，共同完成预先设定的价值共创目标。

本章案例

保险行业的顾客教育与顾客社会化

保险为社会成员提供了有效的风险管理机制和权益保障手段，使社会成员在身体、生命受到伤害或财产遭受损失的情况下能够获得一定的经济补偿。我国保险业经过几十年的发展取得了长足的进步，但与发达国家相比仍然存在很大的差距。例如，我国人均寿险保单数不足 1 张，而美国为人均 5 张，日本为人均 6.5 张。我国消费者对保险的认识和接受程度仍然严重不足，很多消费者仍然对保险行业和保险从业者存在偏见和误解，这成为制约保险产品普及和保险行业发展的主要障碍。

面对这样的市场环境，我国保险行业的各级管理机构、行业协会和各大保险公司近年来都非常重视对消费者进行保险知识的宣传教育，充分利用各种途径和媒介，设计并实施了丰富多彩的消费者教育活动，对传播保险产品知识、树立保险行业形象起到了重要作用，获得了很好的传播效果。下面，对我国保险行业消费者教育的主要形式和典型案例加以归纳和总结。

（1）加强与传统媒体的合作，促进保险知识的普及和宣传。例如，中国保监会消费者权益保护局在《中国消费者报》等权威媒体上开辟保险消费者权益保护专栏，针对典型社会突发事件及时宣传保险知识，每年刊发18期，内容超过两万字，帮助广大保险消费者提升了风险意识和维权能力。山东省保险行业协会在《齐鲁晚报》等地区性权威媒体上开设了"引领保险新生活""百姓保险"和"农民身边的保险"等宣传专栏，报道了大量保险业服务社会、服务民生的典型案例，显著提升了行业形象。厦门市保监局组织保险公司在厦门电视台、《厦门晚报》等媒体上集中宣传保险纠纷调处举措及成效，发布产险、寿险公司的服务承诺，告知保险纠纷解决途径，发布行业服务评价信息。

（2）充分利用新媒体资源，拓展保险教育的受众和范围。例如，上海市保监局在意识到部分保险理财产品危及消费者利益的情况下，通过上海市政府官方微博发布了"第三方理财陷阱"风险提示，使广大上海市民及时对此类风险加以防范。福建省保监局利用微信等新媒体开展保险宣传教育，结合辖区保险市场的实际情况，制作"微信版"的系列宣传材料，借助富有影响力的微信公众平台和行业力量，在各类微信群中广为传播，使广大消费者及时了解保险维权知识。山东省保险行业协会利用新媒体，分别在协会网站开设"消费者教育园地""百姓保险"专栏；在微博、微信开设"保险知识""保险趣闻"

专题，发布千余条保险基础知识、保险消费注意事项等，向广大消费者普及保险知识。

（3）设计形式多样的宣传活动，与消费者面对面沟通互动。厦门市的多家保险公司实施了"公司开放日"活动，邀请客户走进保险公司，到公司的办公场所和营业网点体验公司提供的优质服务。同时，积极开展"进社区、进农村、进工地"的"三进入"活动，通过送保险知识进社区、进农村、进基层，增进公众对保险的了解和支持。广东省保险业组织实施了"保险知识进校园"公益宣传活动，对丰富广大学生的保险知识，提升其安全、风险意识产生了良好的效果。江苏省组织有关专家成立了保险知识普及宣讲团，每月都在省内开展保险知识普及宣讲活动，围绕人口老龄化与养老医疗、商业健康保险与税收优惠政策等消费者关注的热点问题开展讲座，产生了广泛的社会影响。

通过上面的实例可以看出，我国保险行业不断通过各种方式和各类媒介加强与消费者的沟通和互动，传播保险理念和保险文化，推广保险知识和保险产品，纠正消费者对保险行业和从业人员的误解和偏见，帮助消费者树立对保险行业的正确认识，认识到保险能够给自己带来的利益和保障，进而接受和购买各类保险产品，支持和推动我国保险行业健康有序地向前发展。

第五章
面向价值共创的顾客支持策略

第一节 本章的研究意义及主要内容

由于企业通常在价值共创中起主导作用,所以它有责任为顾客参与价值共创提供必要的条件和支持。例如,企业应该向顾客提供相关的知识和信息、必要的环境和设施,以及情感支持和人文关怀等。虽然学界和业界已经意识到了企业提供的支持对顾客合作行为具有显著影响(Grissemann,2012;Yin,2009),但对于其内在机理还缺乏深入而系统的研究,有必要在理论和实践层面做进一步的分析和探讨。

本章以社会支持和社会交换理论为依据,对顾客感知支持、关系承诺和顾客合作行为之间的关系进行了研究。通过对相关概念内涵的剖析,将企业提供的顾客支持划分为功能性支持和情感性支持,将关系承诺划分为算计性承诺和情感性承诺,将顾客合作行为划分为参与行为和公民行为。进一步从维度层面建立了反映上述概念之间关系的理论模型并对其进行了实证检验。本章研究揭示了各种顾客支持手段对各类顾客合作行为的作用路径和作用效果,为企业设计恰当的顾客支持机制来引导和优化顾客合作行为提供了有益的借鉴和启示。

第二节 相关文献述评

一、社会支持理论及其在管理研究中的应用

社会支持是社会学中的一个重要概念,相关研究始于20世纪60年代,是在人们探求生活压力对身心健康影响的背景下产生的。人们从不同角度对社会支持的内涵进行了剖析。例如,Cobb(1976)认为,社会支持是个体通过自身所在的社会网络获得的三类感受,即被关心和爱护的感受、相信自己有尊严和价值的感受、属于某个群体的感受。戴维·迈尔斯(2010)指出,社会支持由能够提供物质和人际资源的社会关系构成。Cohen(2004)则认为,社会支持是个体所属的社会网络为了帮助其有效地应对环境压力而提供的物质帮助和心理支持。综合上述定义可以看出,社会支持是个体从其所拥有的社会关系(如家人、朋友、同事、社区、所属团体等)中获得的物质或精神上的帮助和支持,它能有效缓解个体的紧张状态和应激反应,提高其适应社会的能力。

研究者从不同角度对社会支持的维度进行了划分。例如,Suurmeijer(1995)将社会支持划分为两种类型,即功能性支持和情感性支持。其中,功能性支持是通过向个体提供必要的信息、工具和其他资源,来帮助其完成当前的任务或解决面临的问题;情感性支持是指向个体表达的共情、关心和爱意,使其感受到温暖与信任,以满足个体与他人接触及互动的心理

需求，缓解其面对压力时的负面情绪和不良反应。此外，还可以从主客观的角度将社会支持划分为两种类型，即个体实际接收到的社会支持和个体自身感知到的社会支持（Shumaker，1984）。

进入20世纪80年代，社会支持理论逐渐受到管理学界的重视。Eisenberger（1986）将社会支持理论应用于组织管理研究，提出了组织支持理论。该理论指出：如果组织能够对员工给予充分的关心、支持和认同，会促使其更为积极地投入工作，进而达成良好的工作绩效。后续的研究表明，组织支持能够提升员工的满意度和信任感，建立与组织的关系承诺，进而自发地表现出不为企业绩效系统显性激励、却有利于组织发展的"角色外"行为，即组织公民行为（Marique，2013；Allen，2013；Yang，2012）。社会支持理论在组织管理研究中的成功应用使其逐渐渗透到企业管理研究的其他领域。

随着服务消费在人们日常生活中占比的日益提升，人们在服务场所中停留的时间更长，服务场所成为人们获得社交体验的重要途径。服务消费具有明显的人际交互特征，服务人员与顾客构成了一个临时的社会环境。借用社会支持和组织支持的研究成果，Benttencourt（1977）提出了顾客感知支持的概念。他将顾客感知支持定义为顾客从服务场所中的相关群体（服务人员和其他顾客）那里获得的帮助与支持，并进一步证实了感知支持对顾客"自愿"行为所具有的积极影响。

二、关系承诺的研究述评

关系承诺是关系营销中的核心概念，是指顾客维持现有关系的主观意愿。Rusbult（1980）将关系承诺定义为个体在心理上对某种关系的依赖性，以及愿意为维系关系付出努力的倾向性。在关系承诺研究的初期，人们通常将其视为单维度概念。但随着相关研究的逐渐深入，它被逐渐发展成为内涵丰富的多维度概念。Meyer 等（1991）认为，关系承诺包括情感性承诺、算计性承诺和规范性承诺 3 个维度，这也是目前最受认可的关系承诺维度划分方法。

近年来，关系承诺理论在营销领域得到了广泛应用（Gruen，2000；Ganesan，2010）。由于营销管理是站在企业的视角进行顾客心理及行为的分析和研究，所以营销领域的关系承诺也被称为顾客承诺，与之对应的 3 个维度也有其特定的内涵。其中，算计性承诺是指顾客由于转换成本太高或对未来有较高的收益期望而不得不与企业维持关系的心理状态，通常与功能性或经济性的利益相关。情感性承诺是指一种积极的情感依恋，是顾客愿意与企业或品牌维持关系的承诺。与企业形成情感性承诺的顾客即使在出现更好替代者的情况下也不会轻易放弃关系，表现出维系和忠于关系的坚定信念。规范性承诺是指顾客感到对企业具有某种义务而必须维系关系的心理状态。例如，具有强烈民族意识的消费者会主动选择本国企业生产的产品，并对国外的产品加以抵制。

关系承诺的 3 个维度不仅在内涵上有所区别，而且它们各自的前置影响因素也不尽相同。其中，算计性承诺主要受功能利益、转换成本和经济价值等因素的影响；情感性承诺的影响因素主要包括满意、信任、公平、价值观认同等；规范性承诺的前置因素包括社会规范、义务约定等（Gruen，2000）。这为企业构建和深化顾客关系承诺提供了系统的指引。

人们进一步对 B2C（企业与消费者之间）和 B2B（企业与企业之间）情境下顾客承诺的作用效果进行了分析。结果表明：在 B2C 情景下，顾客承诺的结果包括维系关系意向增强、转换意向减弱、满意度提高、忠诚度提高、积极传播正面口碑、顾客份额增加以及顾客感知风险降低等。在 B2B 情境下，顾客承诺的结果包括顾客离弃倾向减弱、关系解体的可能性减小、顾客满意度提高、合作增强、关系质量提高以及二元关系下的销售量增加等（Ganesan，2010）。

三、顾客合作行为的研究述评

顾客合作行为（也称价值共创行为）是影响企业营销绩效的关键因素之一。根据顾客在价值共创中所起的作用和扮演的角色，人们将顾客合作行为划分为角色内行为和角色外行为，分别对应于顾客参与行为和顾客公民行为（Yi，2013）。其中，顾客参与行为是指顾客为了获得自己所期望的服务结果而必须采取的，且为企业所期望的行为（Zeithaml，1981）。顾客公民行为则是指并非价值的生产和传递所必需的，顾客自愿采取且有利于企业的行为。

顾客参与行为反映的是顾客对价值创造的"涉入"程度（Cermak，2011）。Kellogg 将其划分为四种类型：①事前准备行为，即顾客在接受服务之前提前做好准备工作，如收集信息、准备相关材料等。②建立关系行为，即顾客与企业及其员工建立积极互动关系的行为。③信息交换行为，指为保证双方明确消费期望和消费状况而提供信息或搜寻信息的行为。④干涉行为，是指顾客将负面的消费体验反馈给企业，并积极参与问题诊断和问题解决的行为。Claycomb（2001）等指出：顾客的参与程度因服务情景及个人特性的不同而有所差异，具体可划分为三个水平，即低度参与（如快餐、航空）、中度参与（如理发、体检）和高度参与（如健身、教育）。

顾客公民行为的维度构成有三维度、五维度和八维度等划分方法。Bettencourt（1977）认为，顾客公民行为表现为忠诚、合作和参与三种形式。Rosenbaum 等（2006）认为，顾客公民行为包括忠诚、合作、参与、移情和责任心 5 个维度。Bove 等（2009）总结了前人的研究成果，进一步提出了顾客公民行为的八维度模型，即良好的口碑传播、积极的关系展示、参与企业活动、仁慈与宽容、灵活的响应、提出改进建议、善意投诉和影响其他顾客。人们还进一步对顾客公民行为的影响因素进行了研究，结果表明：顾客之所以愿意自发地表现出有利于企业的"角色外"行为，是因为他们可以从与企业的交互过程中获得高于期望的"额外"收益。归纳起来，顾客公民行为主要受关系质量、服务公平性、顾客的社会支持感及员工的公民行为等因素的影响（范钧，2009；谢礼珊，2008）。

顾客合作行为对服务企业的运营和管理具有积极的影响。例如，顾客与服务人员及其他顾客的协同、配合保证了服务生产的顺利进行，有利于提高服务企业的效率和效益；顾客的正向口碑传播能够提高服务企业的知名度和美誉度，使更多的潜在顾客转化成实际顾客；顾客的反馈和建议有助于服务企业及时发现服务流程中存在的问题，并在服务失败时做出正确的应对和补救。此外，忠诚的顾客对于服务人员表现出更多的理解和配合，更加注重与服务人员的情感互动，对于偶然的服务失败会表现出仁慈和宽容的态度。上述行为都有助于服务人员与顾客之间建立和谐的互动关系，共同营造融洽的服务氛围。

第三节　理论模型和研究假设

根据社会交换理论中的"互惠原则"，当顾客感知到企业为其提供了所需的支持和帮助时，将会对企业产生义务感并进而表现出支持企业目标的行为。也就是说，顾客会以展现合作行为来作为对企业提供支持的回报。在现有的研究中，人们虽然已经对顾客感知支持、关系承诺和顾客合作行为之间的关系进行了探索性的研究（Wu，2011；Grissemann，2012），但并未对上述概念的内涵做深入剖析，通常将其视为单维度概念；相关研究成果虽然揭示了各概念之间可能存在的内在联系,但对具体的作用机制揭示得还不够深刻。

本章在现有研究的基础上,对相关核心概念的内涵加以深入剖析,将顾客感知支持划分为功能性支持和情感性支持;将顾客合作行为划分为顾客参与行为和顾客公民行为。一般认为,关系承诺由算计性承诺、情感性承诺和规范性承诺3个维度构成,但由于在现实生活中顾客因为遵从社会规范或履行责任义务而与企业维持关系(规范性承诺)的情况较为少见,所以,本书仅考虑算计性承诺和情感性承诺对顾客合作行为的影响。基于上述分析,进一步从维度层面建立了反映核心概念之间关系的理论模型,如图5-1所示。

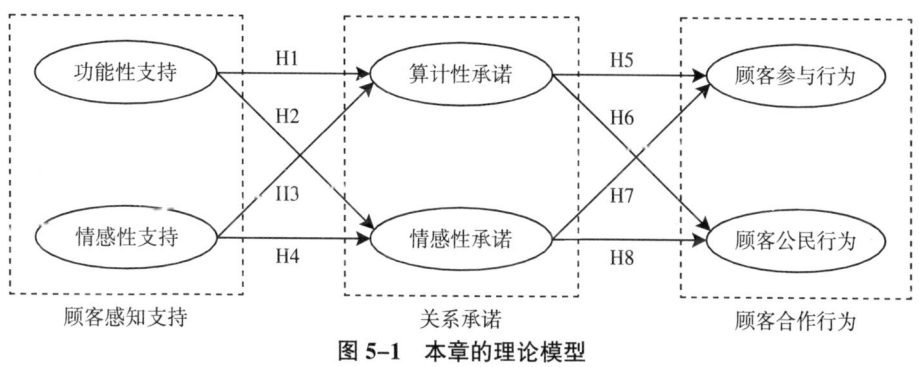

图5-1　本章的理论模型

一、功能性支持对关系承诺的影响

功能性支持是指企业为了促进顾客参与价值共创,向其提供的信息、物质和人员等方面的支持,可细分为信息性支持和工具性支持。其中,信息性支持是指企业及其员工为顾客提供相关信息或合理建议等;工具性支持是指为顾客提供必要的设施、场所、工具和条件等。功能性支持对于顾客参与价值共创具有至关重要的作用。例如,服务场所内的指引标识和信息通告能帮助顾客准确而快速地办理所需业务（信息性支持）；银行通过提供自动柜员机（ATM）和网络银行等工具，使顾客可以自行办理大部分的储蓄业务（工具性支持）。

在价值共创的过程中，企业与顾客的交换关系分为经济性交换和社会性交换两种类型。在企业与顾客接触的初期，供需双方往来的主要目的是进行功能性的价值交换，即经济性交换。随着互动次数的增加，双方关系中社会交换的成分逐渐增加，情感、信任、义务、承诺成为决定双方关系的重要心理因素。但应该注意的是，经济性交换和社会性交换并不是交换关系的两个极端，而是相互作用、相互影响的，即人们在持续的经济性交换过程中，会逐渐建立起融洽的社会性交换关系，而良好的社会性交换关系则对经济性交换具有促进和提升的作用。

从上述分析可以看出，功能性支持从两个层面对顾客承诺产生影响。一方面，功能性支持有助于顾客配合企业顺利完成价值的生产和交付，降低顾客付出的参与成本，提升顾客获得的服务利益，进而促使顾客基于功能价值（经济价值）形成对企业的算计性承诺（黄敏学，2012）；另一方面，功能价值有助于顾客获得正面的情感体验，而且，由于企业员工与顾客之间的紧密互动也是功能性支持的重要组成部分，在价值共创的过程中，顾客的社会需求和心理需求也在一定程度上得到满足，从而促使其形成对服务企业或服务人员的情感性承诺（金立印，2008）。基于上述分析，提出如下假设。

H1：顾客感知的功能性支持对顾客的算计性承诺具有正向的影响。

H2：顾客感知的功能性支持对顾客的情感性承诺具有正向的影响。

二、情感性支持对关系承诺的影响

随着产品标准化程度的日益提升，产品同质化的趋势也越发明显。在这种情况下，顾客对企业员工及双方互动关系的感知就会成为其评价互动质量的重要依据。随着企业与顾客关系的逐渐深化，顾客对企业的情感依赖会逐渐转化为对企业的心理承诺。高度承诺的顾客会对企业的目标和价值产生强烈的认同感，也会更加关注企业员工的心理感受，进而表现出配合、服从、宽容、正面口碑等价值共创行为。

情感性支持对顾客承诺的影响是随着双方关系的推进而逐渐深化的。在顾客与企业接触的初始阶段，即使企业提供了充分的情感性支持，顾客也可能由于对企业缺乏了解，尚未建立信任而只是产生算计性的关系承诺。随着顾客与企业及其员工接触次数的增多，双方变得日益熟悉，进而逐渐建立起良好的互动关系，甚至会产生朋友般的交互行为。双方的交流内容会超出产品或服务自身的范畴，较多地涉及个人/家庭事务、兴趣爱好等，进而基于上述互动关系形成情感性承诺。

由于在工作和生活中缺乏友谊和情感支持，一些特殊的消费群体会产生孤独感和疏离感。对于这些消费者来说，通过商业场所来获得情感性支持的需求更为迫切（Rosenbaum，2006）。例如，对于老年消费者来说，需要不断面对导致其既有社会关系"断裂"的事件，如退休、丧偶、空巢、疾病、亲友亡故等。这些负面事件势必会促使他们通过与商业场所的员工或顾客建立"商业友谊"来替代那些失去的社会联系和社会资源。再如，某些专职家庭主妇通过各类商业场所和服务场所来结识伙伴、获得友谊，以满足自身社会交往的需求。

情绪感染（Emotional Contagion）理论也为分析情感性支持和关系承诺之间的关系提供了理论依据（金立印，2008）。情绪感染理论指出，人们会下意识地模仿其同伴的情绪和情感，并将其反馈给同伴进而形成与同伴间的情绪交互。人际互动是服务接触的一个重要特征，企业员工的仪表、态度、语言以及对顾客的关心程度等情绪展示都会对顾客产生影响。如果顾客能够持续感受到来自于企业员工的正面情绪，其良好的心理体验就会被不断强化，并逐渐形成对企业及其员工的情感偏好及心理承诺。综合上述分析，提出如下假设：

H3：顾客感知的情感性支持对顾客的算计性承诺具有正向的影响。

H4：顾客感知的情感性支持对顾客的情感性承诺具有正向的影响。

三、关系承诺对顾客合作行为的影响

情感和认知是决定个体行为的两个重要前置因素。从前面的分析可以看出，算计性承诺和情感性承诺可被分别视为关系承诺中的认知性要素和情感性要素。算计性承诺是个体在将维持关系的收益与付出进行仔细权衡后所形成的；情感性承诺则是个体因为重视关系所带来的情感利益，对关系产生的卷入度、认同感和依恋感。根据认知一致性理论，个体会努力保持态度（包括情绪和认知等心理因素）与行为的一致性，否则就会产生认知失调，并形成心理上的紧张感、压力感和不适感。因此，当顾客形成了对企业的算计性承诺和情感性承诺后，必然会自发地表现出各种有利于企业的合作行为。

此外，共情理论也为解释顾客感知支持与顾客合作行为的关系提供了理论依据。所谓共情是指站在他人的立场去感受和理解他人，并体验他人的情绪和情感的能力。当个体被关注、接纳和尊重时，内心就会产生愉悦感和满足感，进而促使其做出"强回报"反应。在价值共创的过程中，顾客如果能够感受到来自于企业员工和其他顾客的功能性支持和情感性支持，则会对这些支持的提供者产生"共情心"（或称同理心），进而表现出各种回报服务员工或其他顾客的合作行为。

承诺是给予和付出的重要决定因素，高度承诺的顾客更有可能将企业的价值观和目标内化，形成对企业及其员工的高度信任，降低对交易的感知风险,也更愿意表现出有利于承诺对象——企业、员工及其他顾客的正面行为。当顾客与企业建立了深厚的情感联系时,则会更加乐于与企业分享个人信息、内在需求和消费体验。同时,也会因为希望得到情感支持或其他社会及心理利益而选择自己熟悉的品牌进行消费。综合上述分析,提出如下假设:

H5:顾客的算计性承诺对顾客参与行为具有正向的影响(H5a),且在功能性支持与顾客参与行为之间(H5b)、情感性支持与顾客参与行为之间(H5c)起中介作用。

H6:顾客的算计性承诺对顾客公民行为具有正向的影响(H6a),且在功能性支持与顾客公民行为之间(H6b)、情感性支持与顾客公民行为之间(H6c)起中介作用。

H7:顾客的情感性承诺对顾客参与行为具有正向的影响(H7a),且在功能性支持与顾客参与行为之间(H7b)、情感性支持与顾客参与行为之间(H7c)起中介作用。

H8:顾客的情感性承诺对顾客公民行为具有正向的影响(H8a),且在功能性支持与顾客公民行为之间(H8b)、情感性支持与顾客公民行为之间(H8c)起中介作用。

第四节 研究设计与数据分析

一、概念测量和数据收集

本章拟采用调查法收集数据并对理论模型进行检验。首先,基于对相关研究成果的归纳和总结，建立了本书的初始量表。其次，组织消费者开展焦点小组访谈，对问卷做了细致的语义和内容确认，对语义不清或存在歧义的题项进行了修正，以保证问卷的内容效度；进而利用修订后的问卷开展预调研，使用 SPSS 18.0 统计软件包，采用单项与总分的相关分析、探索性因子分析（EFA）等统计方法进行题项的调整和删除，对初始量表进行了净化处理，并形成了最终的调查问卷。

功能性支持和情感性支持的测量题项参考了 Eisenberger（1986）、Benttencourt 等（1977）的研究成果，共筛选了 10 个测度指标；基于 Mende（2013）等的研究，分别选取了 2 个和 3 个题项来测量算计性承诺和情感性承诺；顾客参与行为则借鉴了 Ennew 等（1999）的研究成果，采用 4 个题项进行测量。基于 Benttencourt（1977）、Groth 等（2005）的研究，选取 4 个测度指标对顾客公民行为加以测量。上述题项均采用李克特 7 级量表，从非常不同意（1）到非常同意（7）。问卷的最后一部分要求被试填写其个人信息，包括性别、年龄、学历以及个人月收入等。

本章以顾客与服务人员接触度较高的服务业为研究背景，要求被试选择某个曾经光顾且留下深刻印象的服务企业或服务场所，并根据自己的消费体验来回答问题。其中，25.83%的人选择了餐饮，17.72%的人选择了金融，16.52%的人选择了美容美发，9.31%的人选择了旅游，6.31%的人选择了医疗保健，6.31%的人选择了娱乐，5.71%的人选择了交通，4.80%的人选择了运动健身，3.60%的人选择了商品零售，3.30%的人选择了教育，还有 0.60%的人选择了其他服务。

问卷的收集采用线上和线下两种方式同时进行。一方面，与国内某知名的在线调查网站合作，在其样本库中选择符合要求的人员作为被试，向其发送调查邀请；另一方面，由调查人员在沈阳的主要商业区向刚刚进行了服务消费的顾客发放纸质问卷，进行数据收集。两种方式共计回收问卷

386份,其中,有效问卷333份,问卷的有效率为86.27%。样本的人口统计特征如表5-1所示,可以看出:参与调查的被试在性别、年龄、教育程度和月收入水平等方面均具有较好的代表性。

表5-1 样本的人口统计信息

人口统计变量	变量取值	人数(人)	百分比(%)
性别	男	162	48.65
	女	171	51.35
年龄	24岁及以下	143	42.94
	25~40岁	129	38.74
	41岁及以上	61	18.32
教育程度	专科及以下	26	7.81
	本科	198	59.46
	硕士	108	32.43
	博士及以上	1	0.30
月收入	1500元及以下	74	22.22
	1501~3000元	55	16.52
	3001~6000元	131	39.33
	6001~10000元	52	15.62
	10001~20000元	17	5.11
	20000元以上	4	1.20

采用两阶段法进行数据分析。首先,采用验证性因子分析(CFA)对测量模型进行检验,探查所采用的测量题项能否较好地反映对应的潜变量。其次,采用结构方程模型软件对提出的关系模型进行检验,确认各变量之间的作用和影响。

二、测量模型的检验

采用AMOS 18.0进行验证性因子分析(CFA),对测量模型进行检验。

各题项与对应的潜变量相联系，且允许潜变量之间相互关联。具体的分析结果如表5-2所示。

表5-2 测量模型的验证性因子分析

潜变量	题项	标准化的因子载荷	Cronbach's α 系数	AVE 值
功能性支持	A公司会为我提供完成服务所必需的工具和设施	0.777	0.892	0.629
	A公司服务人员会耐心引导我完成整个服务过程	0.785		
	当我在A公司遇到问题时，服务人员会及时为我提供帮助（如有益的建议或指导等）	0.841		
	A公司会根据我的需求提供个性化的服务	0.835		
	当出现服务失误时，A公司会及时采取补救措施	0.720		
情感性支持	A公司的服务人员总是向我展现一种积极的、令人愉悦的情绪	0.863	0.921	0.702
	置身于A公司会让我有宾至如归的感觉	0.860		
	A公司的服务人员能够设身处地为我着想	0.803		
	A公司会努力营造一种充满人性关怀、舒适的服务气氛	0.842		
	A公司的服务人员能让我感受到朋友般的温暖	0.819		
算计性承诺	我会继续光顾A公司，因为相对而言选择其他公司需要更多额外的付出（如金钱、时间、体力、精力等）	0.707	0.747	0.605
	我会继续光顾A公司，因为在地点的便利性、服务水平、消费水平等方面A公司具有优势	0.843		
情感性承诺	虽然我只是一名顾客，但是我关心A公司未来的发展状况	0.704	0.799	0.568
	我认同A公司的价值理念	0.815		
	除交易关系以外，我对A公司还有情感上的依恋	0.737		
顾客参与行为	如果A公司需要我做事先准备，我会积极配合（如提前预约、准备所需物品或事先了解服务流程等）	0.701	0.847	0.587
	我会主动向A公司详尽描述我个人的服务要求	0.807		
	在A公司消费时，我能够做到与服务人员及时沟通	0.839		
	在A公司消费时，我会尽力做好自己该做的事	0.707		

第五章　面向价值共创的顾客支持策略

续表

潜变量	题项	标准化的因子载荷	Cronbach's α 系数	AVE 值
顾客公民行为	我愿意将 A 公司推荐给其他对此类服务感兴趣的人	0.817	0.827	0.558
	当我需要相关服务时，我会优先考虑 A 公司	0.863		
	当 A 公司的服务人员出现失误时，我仍会以礼相待并保持一定的容忍和耐心	0.670		
	我会向 A 公司提出关于如何改善服务的意见和建议	0.608		

对测量模型进行验证性因子分析的具体结果如下：$\chi^2/df = 2.256$，$GFI = 0.886$，$CFI = 0.949$，$NFI = 0.913$，$RMSEA = 0.062$，上述指标表明数据与模型之间总体拟合良好。大部分题项的标准化因子载荷大于 0.7，只有两个指标的因子载荷介于 0.6~0.7。AVE 值均大于 0.5，说明模型中的各个变量均具有较好的收敛效度。进一步由表 5-3 可知，各潜变量 AVE 值的平方根均大于变量间的相关系数，说明采用的量表具有较好的区别效度。此外，各潜变量 Cronbach's α 系数的取值均超过了 0.7 的标准，表明量表具有较好的内部一致性，可以对潜变量进行可靠的测量。

表 5-3　区别效度的分析结果

潜变量	均值	标准差	A	B	C	D	E	F
功能性支持 A	5.203	0.987	0.802					
情感性支持 B	4.905	1.088	0.775	0.830				
算计性承诺 C	4.950	1.077	0.618	0.633	0.762			
情感性承诺 D	4.580	1.101	0.712	0.609	0.592	0.786		
顾客参与行为 E	5.073	1.025	0.682	0.714	0.686	0.713	0.807	
顾客公民行为 F	5.124	0.974	0.759	0.740	0.687	0.772	0.794	0.832

注：矩阵下三角形中的数值为相关系数，对角线上的数值为 AVE 值的平方根。

三、结构模型的检验

进一步采用结构方程模型（SEM）对提出的理论模型进行检验，具体结果如下：$\chi^2/df = 2.526$，$GFI = 0.867$，$CFI = 0.937$，$NFI = 0.901$，$RMSEA = 0.068$。上述结果表明数据与模型之间的整体拟合程度良好。表5-4给出了结构模型的具体检验结果。

表5-4 结构模型的检验结果

假设路径	标准化路径系数	C.R.值	P值	结论
H1：功能性支持→算计性承诺	0.569	4.896	***	支持
H2：功能性支持→情感性承诺	0.188	1.764	0.078	不支持
H3：情感性支持→算计性承诺	0.318	2.881	**	支持
H4：情感性支持→情感性承诺	0.654	5.946	***	支持
H5a：算计性承诺→顾客参与行为	0.561	5.784	***	支持
H6a：算计性承诺→顾客公民行为	0.326	3.647	***	支持
H7a：情感性承诺→顾客参与行为	0.288	3.349	***	支持
H8a：情感性承诺→顾客公民行为	0.464	6.407	***	支持

注：** 表示 $p < 0.01$，*** 表示 $p < 0.001$。

由表5-4可以看出：H1、H4、H5a~H8a均在0.001的水平上显著，H3在0.01的水平上显著。需要注意的是：H2没有得到数据的支持，即功能性支持对于情感性承诺的影响不显著。进一步的分析表明：情感性支持对情感性承诺的影响要明显高于它对算计性承诺的影响（0.654对0.318）。同时，与情感性承诺相比，算计性承诺对顾客参与行为的影响更强（0.561对0.326）；而与算计性承诺相比，情感性承诺对顾客公民行为的影响更强（0.464对0.288）。

四、中介效应检验

采用 Baron 和 Kenny（1986）提出的方法对关系承诺的中介效应进行检验。例如，为了检验算计性承诺在功能性支持和顾客参与行为之间的中介作用，实施如下的检验程序：①验证功能性支持对算计性承诺的作用显著（$\beta = 0.720$，$p < 0.001$）；②验证算计性承诺对顾客参与行为的影响显著（$\beta = 0.718$，$p < 0.001$）；③验证功能性支持对顾客参与行为的影响显著（$\beta = 0.685$，$p < 0.001$）；④以功能性支持和算计性承诺为自变量，顾客参与行为为因变量做回归分析。结果表明：算计性承诺和顾客参与行为的关系仍然显著（$\beta = 0.468$，$p < 0.001$），而功能性支持与顾客参与行为之间的相关性显著降低（$\beta = 0.348$，$p < 0.001$）。由此可见，算计性承诺在功能性支持与顾客参与行为之间具有部分中介作用，H5b 得到验证。

同理，按照上述程序分别对其他中介效应进行检验。分析结果表明，算计性承诺在情感性支持与顾客参与行为之间（H5c）、功能性支持与顾客公民之间（H6b）、情感性支持与顾客公民行为之间（H6c）的中介作用均显著；情感性承诺在情感性支持与顾客参与行为之间（H7c）、情感性支持与顾客公民行为之间（H8c）也具有中介作用。上述结果揭示了顾客从对服务企业所提供的各类支持的认知（即顾客感知支持），到形成对服务企业的关系承诺，再到表现出积极合作行为的渐进心理过程。

第五节 结论与启示

一、研究的理论分析

（1）顾客合作行为是影响价值创造及交付的重要因素，如何对其加以引导和控制是企业管理中的重要理论问题。本章基于社会支持和社会交换理论，从顾客感知的角度，对价值共创中的顾客支持与顾客合作行为的关系进行了研究，证实了顾客支持对优化顾客合作行为所具有的积极作用。本章对相关概念的内涵进行了深入剖析，通过对其进行维度化的处理来细致地刻画它们之间的相互关系。研究结果表明：功能性支持和情感性支持均有助于顾客产生正面的心理体验，建立对企业的关系承诺，并对顾客合作行为（包括参与行为和公民行为）产生积极的影响。

（2）功能性支持只对算计性承诺具有显著影响，其内在原因是：功能性支持是企业向顾客提供的信息、工具、设施和环境等方面的支持，均属于"物化"因素，更容易被顾客从经济价值的角度进行考量，进而形成算计性承诺。情感性支持对关系承诺的两个维度均具有正向影响，但相对来说，它对情感性承诺的影响更强。可见，企业员工在与顾客的交互过程中展现出来的正面情绪和情感关怀，能够使顾客获得良好的消费感受和社交体验，进而建立对企业及其员工的心理承诺。综合上述分析可以看出，两类不同的顾客支持手段在建立顾客心理承诺方面分别具有不同的作用，难以相互替代。

（3）算计性承诺和情感性承诺对顾客的参与行为和公民行为均具有显

著影响，但算计性承诺与顾客参与行为、情感性承诺与顾客公民行为之间的关系更为显著，这说明不同的顾客合作行为具有不同的心理动因。算计性承诺产生于对功能性或经济性利益的认同，是顾客参与的主要条件；而情感性承诺则建立在情感性或社会性利益的基础上，是顾客公民行为的关键动因。结合上文对顾客支持与关系承诺各维度之间关系的分析可知，顾客支持的具体类型对不同顾客合作行为的影响有所差异，功能性支持对顾客参与行为的影响更为直接，情感性支持对顾客公民行为的作用则更为显著。

二、研究的实践启示

（1）企业对顾客合作行为的态度应该从"被动地接受"转变为"主动地影响"。企业应该有意识地为顾客提供各种资源和条件，使其更好地参与到价值共创过程中。从功能的角度来说，一方面，企业应该为顾客提供必要的知识和信息，使顾客清晰地了解自己在价值共创过程中应该承担的角色与责任，掌握参与价值共创所需的知识和技能，明确合作行为能够给自身带来的利益与回报，从而激发顾客的参与意愿；另一方面，企业应该提供必要的工具和设施，为顾客合作提供良好的环境和条件。例如，航空公司通过提供自助值机和网络值机等方式，使很多旅客能够自行办理登机手续，对降低运营成本，提升经营绩效具有重要作用。

（2）随着生活方式的改变，家人、同事和朋友等传统社会关系在提供情感支持方面的作用正在逐渐减弱，人们开始通过其他途径来弥补自身在社会交往方面的缺失和不足，消费场所在满足人们社交需求方面的作用日趋明显（赵晓煜，2012）。因此，企业应加强对情感性支持的关注与重视，设身处地地为顾客着想，了解并满足顾客的个性化需求，对顾客给予充分的关心、爱护和帮助，使企业与顾客的交互过程充满人性的关怀。企业应树立"顾客是朋友"的服务理念，鼓励员工与顾客建立朋友式的伙伴关系,营造愉悦、舒适的服务氛围。上述举措将有助于顾客产生对企业的认同感和归属感,形成对双方关系的心理承诺,进而表现出积极的合作行为,使企业建立起难以模仿的竞争优势。

(3)随着互联网技术的飞速发展,人们通过商业关系所形成的社会网络已经摆脱了物理场所的束缚,服务和社区的电子化为人们提供了全新的沟通和互动媒介。通过电子化的沟通平台,企业员工与顾客之间、顾客与顾客之间可以更为便利地进行沟通、建立友谊、提供物质和精神上的互助。互联网大大拓展了企业向顾客提供支持的途径和渠道,因此,企业应该充分利用各种新型的网络媒体,如网络社区、社交网站、视频网站、博客、微博、微信等,与目标顾客进行充分的沟通和互动,将其纳入自己的生产和服务体系中,构建出具有特色的价值共创模式。

本章案例

宝钢集团通过 EVI 模式与客户共创价值

宝钢集团(以下简称宝钢)是我国规模最大,现代化程度最高的钢铁联合企业。近年来,宝钢面对产能过剩严重,竞争空前激烈的行业环境,不断进行商业模式创新,通过供应商早期介入 EVI(Early Vendor Involvement)等全新的营销及客户关系管理模式,从客户的需求出发,与产业链下游的客户建立了紧密的合作关系。宝钢的 EVI 模式是指宝钢以供应商的身份参与下游客户(如汽车企业、家电企业)的供应链价值创造活动,全面介入客户从技术研发到产品量产的各个环节,利用宝钢先进的材料及材料应用技术为客户提供支持,与客户共创价值。下面,以宝钢与下游汽车行业客户的价值共创实践为背景,分析宝钢如何通过EVI模式为客户的价值创造提供全方位支持。

（1）宝钢EVI为客户提供功能性支持。宝钢的EVI模式突破了钢铁行业中厂商与用户基于交易进行合作的局限，逐渐形成了与客户共同进行先进工程设计、车型概念及车身设计、模具设计开发、车型投产和批量生产等汽车设计制造全过程的能力，与国内所有主流汽车厂商建立了深入的合作关系。EVI模式的核心理念之一就是用户思维，即在价值链各个环节中都要"以用户为中心"去发现问题、分析问题和解决问题。在EVI实践中，公司包括研发、制造、营销以及加工配送在内的整条价值链都以客户为导向，深入发现、理解用户的需求，并通过实施有组织、有计划的技术营销活动，根据不同用户的个性化需求，深入服务用户从开发到制造的每一个环节，为用户提供整体解决方案，协助用户提升质量、降低成本和缩短开发周期等。

目前，宝钢在设计支持、工具支持、投产支持、生产监控和市场开发5个方面建立并形成了强大的客户支持与服务能力。其中设计支持包括推荐用材、车身防腐选材支持、车身外观选材支持、设计优化、可制造性分析；工具支持包括零件成型特征及敏感参数分析、后评估仿真（回弹、抗凹、疲劳）等；投产支持包括应变分析、建立零件试冲技术档案、确保模具适应材料、降低模具制造成本等；生产监控包括失效分析（成型、涂装、焊接）、优化材料与镀层、高强减薄等；市场开发包括先进成型技术研发与产业化推广、基于车型成本定位的选材方案、车身用材整体解决方案等。这些支持体系显著提升了客户的价值创造能力。例如，有些用户在车型设计的早期，会按照以往车型的经验或者参照标杆车型进行选材。宝钢如果仅仅停留在满足用户提出材料需求的层面上，必然会陷入同质化竞争、比拼价格的恶性循环。因此，宝钢前瞻性地参与到用户选材优化的工作中，为用户提供多种材料和成型工艺的选材优化方案，引导用户应用宝钢新材料、新工艺成果，让用户感受到与宝钢合作能够加深和拓展对材料的认识，形成对宝钢的信任。

（2）宝钢EVI为客户提供情感性支持。宝钢的EVI团队清醒地认知到：在推进EVI的过程中，需要不断地与用户的管理、技术以及生产操作人员打交道，只有建立了用户的认可和满意度，才能在开展工作时得到他们的积极配合与协助。也就是说，与用户进行密切和友好的互动往往是推进合作、化解冲突的"润滑剂"、获取信赖的"黏合剂"以及实现突破的"催化剂"。通过多年的EVI实践，宝钢与用户形成了丰富多样的互动形式，包括开展党组织共建、人员相互挂职锻炼、联合实验室、共同参与轻量化联盟项目合作等。此外，与用户的互动也在日常的点滴工作细节中得以体现。例如，在宝钢和用户之间，客户代表的工作起到了重要的桥梁和纽带的作用。在服务用户过程中，宝钢的客户代表真诚对待用户，积极站在用户角度考虑问题，"勤跑路、多动嘴"，用心沟通服务。不少客户代表通过自身的努力，与用户们建立了深厚友情，赢得了信赖，被尊称为用户企业的"名誉职工"。

通过EVI活动，宝钢聚焦客户需求，从材料供应商向一揽子解决方案的提供者转变，全面介入了客户从研发到量产的各个环节，充分发挥宝钢自身制造、技术和服务能力的优势，在为用户创造价值的前提下实现宝钢自身的商业价值，通过差异化的竞争策略实现了用户与宝钢的双赢。

第六章
面向价值共创的企业沟通策略

第一节　本章的研究意义及主要内容

随着互联网等新兴技术的发展以及顾客主权时代的到来,企业与顾客间的交流、合作、互动不断增强。企业原有的基于差异化塑造竞争优势的战略已经难以维持正常的利润,而以顾客为中心,与顾客沟通互动共同创造价值的新型战略模式正在被企业广泛采纳。价值的共同创造需要高效的沟通渠道,互联网的迅猛发展使顾客参与价值共创活动的渠道(如在线社区、社交媒体等)日益多样化。

尽管越来越多的顾客通过多种渠道参与企业价值共创活动,但现实情况中大部分顾客都不会主动与企业进行沟通互动并积极地参与价值共创活动。这就要求企业寻找新的顾客沟通方法和策略,加强与顾客的沟通,引导顾客与企业共同完成生产活动或服务传递,并获得良好的体验。顾客沟通作为一种系统化的传播手段,在企业营销活动中的地位越来越重要。然而现有文献对于企业如何通过有效沟通提高顾客共创意愿的探讨不够充分，也没有文献具体说明企业应该采取什么样的沟通策略来激发顾客参与价值共创活动的热情。因此，对于顾客沟通的研究具有较强的理论意义与实践价值。

本章在价值共创背景下，从顾客沟通的视角出发，提出两种沟通策略，即价值提升策略和成本降低策略，探讨企业沟通策略对顾客共创意愿的影响，并基于公平理论分析了顾客感知公平的中介作用。以互联网虚拟品牌社区为背景，采用实验法对本章提出的理论模型及研究假设进行实证检验，为价值共创领域的研究提供有益的补充。研究结果证实了企业沟通策略对于提高顾客共创意愿的积极作用。最后提出企业管理顾客沟通的建议，即企业应通过广泛拓展沟通渠道、精心设计沟通内容等手段激励顾客参与到企业的研发、生产及营销等活动中，实现价值的共同创造。

第二节 相关文献述评

"沟通"一词源于拉丁语"Communis"，意为双方通过适当的渠道和方式交换信息、思想和情感等沟通行为，建立起某种"共同"认知，达成共识的过程（张振刚，2014）。Grönroos（2011）指出，企业的营销活动和价值创造是一个有机体，在与顾客建立关系及共创价值的过程中，沟通处于基础和核心位置。企业沟通策略的制定需要确定沟通主客体、沟通内容、沟通渠道及沟通反馈方式等。企业沟通策略可以看作是影响利益相关者决策和行为的一种模式。传统的沟通策略通常是在没有顾客参与的情境下，以品牌传播为导向。但近年来，学者们的注意力转向顾客参与活动，开始在价值共创的视角下探索企业的沟通策略。

Handrich（2015）指出，顾客参与价值共创意愿是顾客准备或可能积极参与产品或服务生产消费过程的心理状态，表现为愿意付出时间、努力和分享信息等，进而与企业共同创造价值，获得个性化体验。在价值共创领域，Gummesson（2010）以及 Neghina（2014）认为，价值共创的重要前提是顾客与企业之间积极的互动，因为顾客的共创意愿往往是在企业营造良好的互动氛围中逐步产生的。顾客价值共创的实现取决于两个阶段，首先是顾客共创意愿的产生阶段，其次是共创行为的发生阶段，顾客共创意愿决定共创行为。现有研究大部分集中在共创行为及其影响因素，很大程度上忽视了顾客共创意愿的作用。因此，对顾客共创意愿及其影响因素的研究具有重要的意义。

顾客参与价值共创的意愿与其参与动机是密切相关的，只有满足其动机和需求，才能激发顾客更强的共创意愿。根据内外在动机理论，激励因素可划分为内在动机和外在动机两种：内在动机指个体由于事物或活动本身所具有的趣味性或能产生的愉悦感而产生的内在动力。在顾客参与价值共创的情境下，内在动机指激励因素来自于顾客内在心理，包括对共创活动的内在兴趣、爱好、享乐和自我实现等动机。Moisio（2013）等认为，自我提升和自我实现是顾客参与价值共创活动的一个重要动机。Franke（2010）证明顾客希望通过参与价值共创活动获取成就、愉悦等享乐情感体验。外在动机指个体从事特定活动，是由于其能产生的可分离可量化的结果。在本章情境下，外在动机指激励因素来自于特定活动产生的外部利益，包括金钱奖励、社会认可和地位等。Handrich（2015）指出，顾客共创意愿取决于顾客对获得价值与付出成本的主观感知结果。

服务主导逻辑认为，沟通是实现企业与顾客共同创造价值的基础。企业需要对创新活动持开放的态度，鼓励顾客参与价值共创活动以获取顾客需求信息和创新想法。在网络渠道飞速发展的背景下，赵晓煜（2013）建立了网络创新社区中顾客参与创新行为影响因素的模型，提出了独特需求、自我发展、参与乐趣、品牌情感、创新能力、便利条件、外部激励、群体合作等影响因素。因此，能否激发顾客共创意愿对企业具有重要意义，但遗憾的是，有关企业沟通策略对顾客共创意愿影响的研究却少之又少。

杨志勇（2013）在价值共创的视角下，基于银行业，证明了顾客沟通与顾客共创意愿之间存在正向的影响关系。Haumann（2015）以顾客自行组装家具为背景，通过大规模实验首次提出并验证了价值提升和强度降低两种沟通策略对于合作生产强度和顾客满意度关系的调节作用。Cox（2011）等指出：企业实施沟通策略能够促进企业与顾客间的合作关系，但并没有对其结论进行实证检验。通过上述对相关文献的梳理，本章旨在通过实证研究探讨企业沟通策略对顾客共创意愿的影响，提出价值提升和成本降低两种沟通策略，并基于公平理论，提出和检验顾客感知公平在沟通策略与顾客共创意愿之间的中介效应。

第三节 理论模型和研究假设

一、变量定义

本章以虚拟品牌社区为研究背景，将顾客共创意愿定义为：顾客准备并且有积极参与企业虚拟品牌社区上发布的各种形式的价值共创活动的倾向，并愿意在参与过程中投入时间、知识和能力等自身资源。如表达自己对新产品的创新想法和需求建议，提出对现有产品的改进意见，积极进行口碑传播等，进而实现与企业的价值共创，获得个性化体验。

第六章 面向价值共创的企业沟通策略

本章中企业沟通策略重点关注企业与顾客在沟通内容方面的策略，具体指企业通过虚拟品牌社区上各种形式的交互界面，向顾客展示参与在线社区活动能为顾客创造的价值及节约的成本。目的是吸引更多顾客参与企业产品或服务的研发、生产、营销等活动，进而提高顾客共创意愿，实现价值共创。企业沟通策略以向顾客提供尽可能高的参与价值和尽可能低的参与成本为目标，是激发顾客参与价值共创活动意愿的有效途径。因此，本章提出两种企业沟通策略，即价值提升沟通策略和成本降低沟通策略。其中，价值提升沟通策略包括四个维度：产品价值、服务价值、享乐价值和自我提升价值；成本降低沟通策略包括两个维度：货币成本和非货币成本。

公平理论，也称社会比较理论，是指个体会将其对于一个过程或者结果的评估跟其他参考对象进行比较，以形成自己的公平感知。参考对象可以是其他组织、个人或者个体自身的经历。公平是人类最基本的需求，顾客感知公平会影响顾客参与价值共创的意愿。顾客在通过虚拟品牌社区参与企业价值共创的过程中，伴随着一定的付出，如时间、体力、智慧、能力、资源等方面的投入，同时也会期望获取更高的价值来补偿自己付出的成本。因此，本章引入顾客感知公平这一概念。基于公平理论，将顾客感知公平定义为：顾客对自身参与企业共创活动获得的价值和付出的成本之间的比值与企业能从中获得的价值和付出的成本之间的比值进行主观比较和评价后所形成的感知。

二、理论模型与研究假设

本章主要以价值提升和成本降低沟通策略为自变量，探讨了企业沟通策略对顾客共创意愿的影响，并引入顾客感知公平为中介变量，进一步揭示二者之间关系的内在机理，本章的理论模型如图6-1所示。

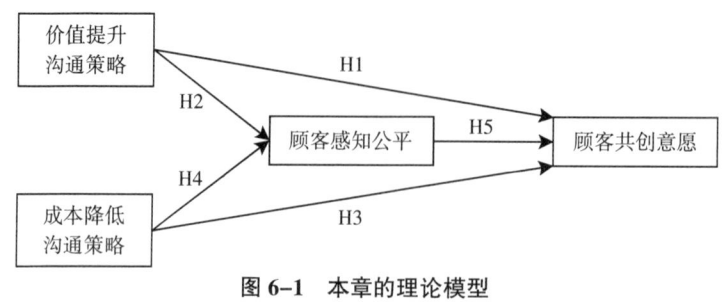

图 6-1 本章的理论模型

通过上述对顾客共创意愿及其影响因素相关文献的分析可以发现：顾客感知价值是顾客共创意愿最直接、最主要的影响因素，因此提出价值提升沟通策略及其四个维度：产品价值、服务价值、享乐价值和自我提升价值。产品价值指企业获取顾客对产品功能的需求意见和创新想法，通过企业内部研发或与顾客共同研发最终实现产品创新，以此满足顾客个性化和独特性需求。Handrich 等（2015）的研究表明，实现产品或服务的定制化和满足顾客独特性需求是顾客感知价值的主要影响因素。服务价值指企业通过虚拟品牌社区为顾客提供及时、快速、高效的反馈和支持服务。完善的服务制度，高效的服务流程能给顾客带来良好的服务体验。享乐价值指顾客参与企业价值共创活动时获得的情感上的体验，主要来源于个人情感以及顾客与企业或其他顾客交互过程中的体验和感觉。如解决具有挑战性的问题、尝试新产品等带给顾客的满足感、快乐感、成就感。享乐价值是顾客感知公平和共创意愿重要的影响因素。自我提升价值指顾客通过参与企业价值共创活动而获得的自身知识、技术和能力水平的提升。顾客通过在线社区与专业人员或其他成员不断的交流和学习，可以提升自身的知识和技能，获得他人的认可和自我肯定、进而实现自我价值。

从以上分析可知，价值提升沟通策略对顾客感知公平和共创意愿均有正向影响作用，因此，提出如下假设：

H1：价值提升沟通策略对顾客共创意愿有显著的正向影响。

第六章　面向价值共创的企业沟通策略

H2：价值提升沟通策略对顾客感知公平有显著的正向影响。

企业还可以采取成本降低沟通策略来提高顾客感知公平和共创意愿。根据顾客让渡价值理论，顾客感知成本是构成顾客让渡价值另一个组成部分，包括货币成本、时间成本、体力成本和精神成本四个维度，本书将顾客感知成本归结为货币成本和非货币成本两个维度。

货币成本指企业为引导和激发顾客参与在线社区的价值共创活动而采取的一系列经济方面的外在刺激，如金钱、奖品、赠券、折扣等。Scott 等（1990）证实了在更低价格的驱动下，顾客会产生更高的共创意愿。非货币成本指企业为降低顾客参与价值共创活动所需要投入的时间、精力、智力、体力等方面的非货币性投入而提供的各种形式的支持服务。如企业提供的免费技术支持（服务热线、服务论坛等）；提供便利的参与条件或降低参与难度，如工具箱、指导说明、培训教育等。企业通过提供各种额外的服务可以将部分责任转移给企业，增加企业的投入，从而降低顾客需要投入的成本，提高顾客的感知公平和共创意愿。从以上分析可知，成本降低沟通策略对顾客感知公平和共创意愿均有正向影响作用，因此，提出如下假设：

H3：成本降低沟通策略对顾客共创意愿有显著的正向影响。

H4：成本降低沟通策略对顾客感知公平有显著的正向影响。

顾客在决定是否与企业进行交易、互动或参与企业价值共创活动时，会对自身与企业双方的价值获得和成本付出之间的比值进行比较评估。当顾客感知双方产出/投入比值相等时，会感觉参与价值共创活动是公平的，因此产生更强的共创意愿；反之，如果顾客认为他的产出/投入比值低于企业时，就会产生不公平感，就会降低共创意愿并减少各种付出来重建公平。Mikula（1998）通过实证研究指出，顾客在与企业沟通互动时的感知公平会促进顾客积极情感的产生，即感知公平对积极情感有正向影响，在良好的体验和积极的情感下，顾客会有更高的意愿参与企业共创活动。基于以上分析，提出如下假设：

H5：顾客感知公平对顾客共创意愿有显著的正向影响。

顾客参与价值共创的动机总是取决于对产品或服务的感知价值，而感知价值又是顾客成本效益分析的结果。顾客共创意愿取决于对所有可能的价值和付出成本的总体评价。同时，顾客感知公平是顾客决定是否参与企业价值共创活动的重要影响因素。因此顾客会在参与共创活动获得的价值和付出的成本之间进行权衡比较，产生公平感或不公平感，进而影响其共创意愿。企业实施的价值提升和成本降低沟通策略可以通过构建相等的或较高的顾客产出/投入比来提高顾客的感知公平，进而提高顾客的共创意愿。Haumann等（2015）正是基于公平理论，验证了价值提升和强度降低两种沟通策略对于合作生产强度和顾客满意度关系的调节作用。

一般来说，在企业引导顾客参与价值共创活动时，如果实施了价值提升或成本降低沟通策略，顾客会感知到合理的产出/投入比，会感觉参与价值共创活动是公平的，进而产生更强的共创意愿。因此，引入顾客感知公平作为中介变量，探索其在企业沟通策略和顾客共创意愿之间的中介效应并揭示它们之间关系的内在原因。基于以上分析，提出如下假设：

H6：顾客感知公平在价值提升沟通策略和顾客共创意愿之间起中介作用。

H7：顾客感知公平在成本降低沟通策略和顾客共创意愿之间起中介作用。

此外，本章对两种沟通策略的交互作用也提出假设，认为价值提升和成本降低两种策略共同实施的效果要强于每个策略单独实施的效果。因此，提出如下假设：

H8：同时采用价值提升和成本降低沟通策略对顾客共创意愿的效果会

显著强于每个策略单独实施的效果。

第四节　实验设计与实施

一、实验设计思路

采用实验法对提出的理论模型进行实证检验。由于企业实施的沟通策略无法测量，只能从顾客体验和主观感知来间接反映，因此本章从顾客感知的角度进行实验设计，其中，价值提升沟通策略通过顾客总价值感知来反映，成本降低沟通策略通过顾客总成本降低感知来反映。综合考虑各方面因素，最终确定以虚拟品牌社区作为实验背景。具体原因如下：首先，虚拟品牌社区是企业与顾客互动的重要平台和途径，为价值共创提供了便利的渠道。其次，近年来，很多知名企业都在积极创建和发展虚拟品牌社区，如索尼之家论坛、小米社区、苹果发烧友论坛等。虚拟品牌社区已经成为企业宣传形象和与顾客沟通的重要渠道，因此将虚拟品牌社区作为研究背景更贴近实际，有更强的实践意义。最后，顾客在虚拟品牌社区中的参与全面涵盖了合作创新、合作生产、合作营销三种价值共创形式，提升研究的普适性。

本章采用实验法获取数据，以探索价值提升和成本降低两种沟通策略对顾客共创意愿的影响及二者间的交互作用为目的。每个实验刺激分为有和无两个水平，采用 2×2 的方案确定 4 个实验情境，分别是无价值因素×无成本因素、有价值因素×无成本因素、无价值因素×有成本因素及有价值因素×有成本因素四个实验。采用组间随机的方式给被试分派实验组别，从而对实验数据进行收集，通过比较在不同实验刺激下结果变量的差异，验证本章提出的假设。

实验过程分为两个阶段，预测试阶段和正式实验阶段。预测试阶段主要对实验刺激的有效性进行检验，以观测各实验组施加的实验刺激对被试关于价值和成本的感知是否具有显著的刺激作用。同时，与被试进行深度访谈，进而对实验文本的措辞和实验情景的描述进行完善和改进，并对实验结果进行初步验证。正式实验阶段通过大规模数据收集和数据处理对本章提出的假设进行检验并得出结论。

二、实验刺激的设计和检验

实验情境选择虚拟品牌社区价值共创的典型代表——手机行业为背景，实验情景的具体描述如下："某手机品牌（如三星、小米、苹果、华为等）为了更好地与用户沟通互动，创建了官方的网上社区，并真诚邀请大众用户通过在线社区参与企业产品的研发、生产、营销等活动。如：提出对新产品或新功能的需求或可操作性强的创新想法；帮助解决其他用户提出的技术、应用等方面的难题；针对现有产品提出完整的改进建议和方案；分享有关产品的使用经验和技巧，并向他人推荐相关产品等。如果你积极参与企业活动，就会获得相应的奖励或节省一定的成本支出。"以此为基础实验背景，实验组1没有引入价值提升和成本降低沟通策略，实验组2和实验组3分别仅引入价值提升或成本降低沟通策略，实验组4同时引入价值提升和成本降低两种沟通策略，以探究参与者在不同的实验刺激下顾客感知公平和共创意愿的差异，具体如表6-1所示。

实验组2在实验组1情境的基础上，加入了企业实施的价值提升沟通策略，即通过强调顾客参与能获得的产品价值、服务价值、享乐价值和自我提升价值，从而增强顾客的价值感知。具体描述如下：商家宣称如果你

表 6-1 实验分组和实验刺激

组别	价值提升沟通策略	成本降低沟通策略	实验描述
实验组 1	无	无	只包含基础的实验情境：虚拟品牌社区中顾客参与企业价值共创活动
实验组 2	有	无	在基础实验情境上，引入价值提升沟通策略作为实验刺激。重点对顾客参与能获得的产品价值、服务价值、享乐价值和自我提升价值进行沟通和宣传，从而增强顾客的价值感知
实验组 3	无	有	在基础实验情境上，引入成本降低沟通策略作为实验刺激。重点强调顾客参与能获得更低的价格，更多的折扣等货币成本，节约时间和体力等非货币成本，从而降低顾客的成本感知
实验组 4	有	有	在基础实验情境上，同时引入价值提升和成本降低沟通策略，既强调顾客能获取的价值又强调为顾客节省的成本，从而增强顾客的价值感知并降低顾客的成本感知

参与在线社区活动，能收获以下几方面的价值：

（1）产品相关价值。你可以在该在线社区上发表自己对于手机产品的创新想法和超前需求，以及对现有产品的改进意见，商家会根据你的需求建议进行新产品的研发设计和对现有产品的升级优化，能更好地、更快地满足你的个性化需求。

（2）服务相关价值。在参与过程中，有专业员工对你的发帖做出及时反馈，与你进行有效的沟通互动。有健全的服务制度，高效的服务流程，更好地为你提供服务。

（3）享乐价值。参与该在线社区活动能产生良好的情感体验，如充分利用闲暇时间产生的愉悦感、充实感；解决具有挑战性的问题、尝试新产品和良好的人际关系而产生的新鲜感、归属感、成就感。

（4）自我提升价值。通过发表自己独特的观点、帮助他人解决问题、与专业人员进行相关知识技能的交流互动，能提高你自身的知识水平和技能、掌握更丰富的知识、获得他人的认可和自我肯定，进而实现自我价值的提升。

实验组 3 在实验组 1 的实验情境基础上，加入了企业实施的成本降低沟通策略，即通过强调顾客通过企业虚拟品牌社区参与价值共创活动能节约的货币成本和非货币成本，从而降低顾客的成本感知。具体描述如下：商家宣称如果你参与在线社区活动，能节约以下几方面的成本：

（1）货币成本。如果你的发帖被采纳，你可以获得 10~100 元的支付宝现金奖励以及 200~400 元额度的优惠购物券，优惠券使用无条件限制，直接降低你购买产品的价格，并且有机会获得免费试用产品。

（2）非货币成本。该在线社区提供必要的工具和技术支持，有专业的技术人员 24 小时在线为你答疑解惑。

参与过程完全由你掌握，不受时间、空间的限制，确保不会耗费你过多的时间、精力和体力。

此外，为了检验价值因素和成本因素的交互效应，设计了实验 4，既包含价值提升沟通策略又包含成本降低沟通策略，把上述基础情境和两个策略都综合起来，通过其与实验组 2、实验组 3 的比较以探索价值因素和成本因素共同作用的效果是否会显著优于二者单独的作用。

此外，为了检验价值因素和成本因素的交互效应，设计了实验组 4，既包含价值提升沟通策略又包含成本降低沟通策略，上述基础情境在不同的实验刺激下，被试均被要求回答相同的问卷，问卷包括基本的人口统计信息和 10 个测量题项。其中 6 个题项分别测试了企业价值提升和成本降低沟通策略的 6 个维度；1 个题项用来测量顾客感知公平；其余 3 个分别测量顾客共创意愿的 3 个维度。本章采用 7 点李克特量表设计方法。

预测试过程通过现场实验的方法进行数据收集，并对实验数据进行分析处理。结果表明：被试参与者对实验刺激的感知均在 0.01 的水平上显著，证明各个实验刺激均产生了明显效果，说明本实验对价值提升和成本降低沟通策略的操控是成功的。同时，顾客感知公平、顾客共创意愿的数值与预期方向一致,即实验组 2、实验组 3、实验组 4 的数值显著高于实验组 1,并且在 0.05 的水平上显著。预测试证明本章对实验刺激的操控是有效的,因此,本实验具备了实施大规模测试的条件。

三、正式实验流程设计与实施

本章在正式实验阶段,采用在大学校园内招募学生被试的方法进行现场实验,并为被试准备小礼品作为答谢。实验过程中,先宣读实验注意事项,实验流程,信息保密等说明,然后对被试进行现场随机分组,并发放问卷。参与者被要求仔细阅读实验情境描述,然后回答测量题项,根据对实验情境的真实感受给问项打分,实验期间不允许交流。本章正式实验阶段共收集 165 份问卷,剔除填答不完整、明显没认真作答的无效问卷,最终有效问卷 156 份,回收率 94.5%,其中包括男性参与者 68 人,占比 43.6%,女性参与者 88 人,占比 56.4%。

四、实验数据分析

本章采用 SPSS19.0 软件对实验数据进行分析,通过将实验 1 和实验 2 的数据进行单因素方差分析,对价值提升沟通策略的相关假设进行检验。结果表明:在不同的实验刺激下,即有或无价值提升沟通策略,参与者的价值感知是显著不同的,具体结果为:实验 1 无价值提升沟通策略时,顾客总的价值感知为 4.01;实验 2 有价值提升沟通策略时,顾客总的价值感知为 5.33;同时,参与者的顾客感知公平程度和共创意愿也存在显著差异,实验 1 顾客感知公平为 4.35,实验 2 顾客感知公平为 5.37;实验 1 顾客共创意愿为 4.22,实验 2 顾客共创意愿为 5.25,详细结果如表 6-2 所示。因此,假设 H1、假设 H2 为真。

表 6-2 价值变量感知和共创意愿的方差分析

项目	组别	平均值	标准差	F 值	显著性
总价值感知	实验1	4.01	0.73	60.55	0.000
	实验2	5.33	0.77		
顾客感知公平	实验1	4.35	0.77	38.46	0.000
	实验2	5.37	0.67		
顾客共创意愿	实验1	4.22	0.73	31.33	0.000
	实验2	5.25	0.89		

上述分析结果表明，企业实施价值提升沟通策略，能显著提高顾客对于相关价值的感知和总体价值感知，进而显著提高顾客感知公平和顾客共创意愿。此外，进一步分析表明，在价值提升沟通策略的各个维度中，对顾客共创意愿的影响程度从大到小依次是自我提升价值、产品价值、享乐价值和服务价值。

同样，将实验1和实验3的数据进行单因素方差分析，对成本降低沟通策略的相关假设进行检验。结果表明：在不同的实验刺激下，即有或无成本降低沟通策略，参与者对他们成本降低的感知结果是显著不同的，具体结果为：实验1顾客总成本降低感知为3.56，实验3顾客总成本降低感知为4.95；同时，顾客感知公平程度和共创意愿也存在显著差异，实验1顾客感知公平为4.35，实验3顾客感知公平为5.15；实验1顾客共创意愿为4.22，实验3顾客共创意愿为4.85，详细结果如表6-3所示。因此，假设H3、假设H4为真。

表 6-3 成本变量感知和共创意愿的方差分析

项目	组别	平均值	标准差	F 值	显著性
总成本降低感知	实验1	3.56	0.86	71.52	0.000
	实验3	4.95	0.59		

第六章 面向价值共创的企业沟通策略

续表

项目	组别	平均值	标准差	F 值	显著性
顾客感知公平	实验 1	4.35	0.77	22.59	0.000
	实验 3	5.15	0.74		
顾客共创意愿	实验 1	4.22	0.73	14.48	0.000
	实验 3	4.85	0.76		

上述分析结果表明，企业实施成本降低沟通策略，能显著降低顾客对成本的感知，进而显著提高顾客感知公平和顾客共创意愿。进一步分析表明，货币成本对顾客共创意愿影响程度更大。此外，通过进一步相关分析可知，对于顾客共创意愿三个维度影响程度如下：对于顾客合作创新意愿影响最强的两个因素是产品价值和服务价值；对于顾客合作生产意愿影响最强的两个因素是服务价值和享乐价值；对于顾客合作营销意愿影响最强的两个因素是自我提升价值和享乐价值。

采用 SPSS19.0 软件对实验 2、实验 3 及实验 4 进行单因素方差分析，验证两种沟通策略的交互效应。三个实验中顾客共创意愿结果分别为 5.25、4.85、5.43。分析表明：实验 2 和实验 4 顾客共创意愿的差异并不显著；实验 3 与实验 4 虽然存在显著差异，但同时发现实验 2 与实验 3 也存在显著差异，说明价值因素和成本因素对顾客共创意愿的影响作用存在显著差异。同时，对价值提升因素和成本降低因素对顾客共创意愿的共同影响作用进行回归分析，得出 $Y = 0.468X_1 + 0.314X_2 + 1.405$，$p < 0.001$。因此，上述分析结果只能说明价值提升因素对顾客共创意愿的影响作用更强，并不能验证二者交互作用，假设 H8 为假。与各策略单独实施相比，同时实施价值提升和成本降低沟通策略并没有显著提高顾客共创意愿。两种策略共同实施虽然在均值上有所提高，但是作用不够显著，可能的原因有以下两种：第一，由于本章采用实验法，需要被试全神贯注，但实验 4

篇幅较长，对被试造成信息过量，限制了被试的认知能力。第二，在一个实验中实施两种实验刺激，会造成被试的选择困难问题，因此同时实施两种策略的效果并不会显著高于每种策略单独实施的效果。

采用一般线性回归分析方法，选择顾客感知公平为自变量，顾客共创意愿为因变量，数据分析结果显示，其标准化的回归系数为0.748，$p < 0.001$。结果表明：顾客感知公平对共创意愿有显著的正向影响关系。因此，假设H5为真。

采用依次检验回归系数的方法，通过以下步骤对顾客感知公平的中介效应进行检验。首先，用回归分析方法确定顾客总价值感知对顾客共创意愿的影响大小及显著性，分析结果为：$Y = 0.532X + 2.457$，$p < 0.001$。其次，用同样方法确定顾客总价值感知对顾客感知公平的影响大小及显著性，分析结果为：$M = 0.364X + 3.417$，$p < 0.001$。最后，考虑顾客感知公平的中介效应，分析结果为：$Y = 0.306X + 0.619M + 0.34$，$p < 0.001$。综上，各变量间相关系数a、b、c、c'均达到0.01的显著性水平。证明顾客感知公平在价值提升沟通策略和顾客共创意愿之间起部分中介作用，因此，假设H6为真。

同样，用相同的中介效应检验程序，对顾客感知公平在成本降低沟通策略和顾客共创意愿之间的中介效应进行检验。各变量间相关系数a、b、c达到0.01的显著性水平，而c'不显著。证明顾客感知公平在成本降低沟通策略和顾客共创意愿之间起到完全的中介作用，因此，假设H7为真。

数据分析结果表明：企业实施价值提升沟通策略，一部分通过提高顾客感知公平间接提高顾客共创意愿，另一部分直接提高顾客共创意愿；而对于企业实施的成本降低沟通策略，则完全通过顾客感知公平来间接提高顾客共创意愿。如更低的价格和折扣等通过降低顾客的投入而提高顾客感知公平，企业提供的一系列服务通过增加企业的投入而建立顾客感知公平。因此，成本降低沟通策略完全作用于顾客感知公平，进而提高顾客共创意愿。

第五节 结论与启示

一、研究结论

当前对于价值共创过程中企业与顾客沟通方面的研究相对薄弱。从理论的视角，研究企业沟通策略对顾客共创意愿的影响具有一定的理论价值，本章将沟通理论、公平理论与顾客价值共创的研究相结合，是对价值共创领域现有研究的有益补充，同时为企业管理实践提供了理论支撑和指导建议，具有较强的实践意义。本章得出以下主要结论：

（1）企业通过实施价值提升沟通策略，能显著提高顾客对价值的感知，进而显著提高顾客感知公平和顾客共创意愿。进一步分析表明，对顾客共创意愿影响程度从大到小依次是：自我提升价值、产品价值、享乐价值和服务价值。

（2）企业通过实施成本降低沟通策略，能显著降低顾客对成本的感知，进而显著提高顾客感知公平和顾客共创意愿。进一步分析表明，降低货币成本对顾客共创意愿的影响程度大于降低非货币成本。

（3）顾客感知公平对顾客共创意愿有显著的正向影响关系，当顾客有较高的公平感知时，会产生更强的共创意愿。中介效应检验表明，顾客感知公平在价值提升沟通策略和顾客共创意愿之间起部分中介作用，在成本降低沟通策略和顾客共创意愿之间起完全中介作用。

二、顾客沟通策略的制定

（一）精心设计价值共创的沟通内容

企业可以通过实施价值提升沟通策略，即强调顾客参与价值共创能收获的各方面价值，进而提高共创意愿。

（1）通过强调更高的产品价值，满足顾客的个性化需求来激发顾客共创意愿。顾客参与产品创新的主要动机是不满足于当前的产品、对新产品有独特的需求等，因此企业在征集顾客创意时，应该重点强调为顾客带来的产品价值。如：小米社区，小米手机系统更新、性能提升、软件开发等方面的升级改进大部分来自粉丝的创意，同时顾客能够享受更优质的产品性能、更流畅的系统和充分满足自身个性化需求的产品。

（2）通过为顾客创造更高的服务价值进而激发顾客的共创意愿。随着顾客角色及消费观念的转变，顾客在选购产品时，不再仅仅关注产品本身的功能和价值，而是更加注重产品的附加价值。在顾客参与共创的过程中，企业应以提升顾客消费体验为主要目标，展示完善的服务措施和良好的服务态度，着重强调企业提供的一系列配套服务，提供更高的服务价值，提高顾客共创意愿。

（3）通过提高享乐价值来提高顾客共创意愿。企业应该向顾客传达参与共创活动能给顾客自身带来的乐趣。如：在价值共创过程中能结交新朋友、扩展人际关系，通过与家人、朋友共同完成一项任务而获得愉悦感和满足感等。

（4）通过强调参与共创活动能实现自我价值的提升来提高顾客共创意愿。在价值提升沟通策略中，自我提升价值维度对于提高顾客共创意愿的效果最为显著，因此，企业要着重强调顾客参与共创活动能实现的自我价值和自我能力等方面的提升，使顾客的潜力、才能和价值得到充分的发挥，不断完善自我、提升自我价值。

企业还可以通过实施成本降低沟通策略，即强调顾客参与价值共创能节约的各项成本，进而提高共创意愿。

（1）本书结果表明，降低货币成本能显著提高顾客共创意愿，企业应该通过强调给予顾客更低的价格和更多的折扣作为对顾客参与价值共创投入时间、体力等的补偿，来降低顾客对成本的感知，进而提高共创意愿。如：英国 Giffgaff 运营商，其创建的开放型客户社区，为用户提供比其他社区更多的现金反馈，极大地激发了顾客参与的热情。

（2）通过降低顾客非货币性成本投入来提高其共创意愿。其中非货币成本包括时间成本、精神成本、体力成本等。企业应该致力于提高工作效率，在价值共创过程中，提供规范的参与流程、完善的绩效评估机制、快速的反馈机制等，尽可能减少顾客的非货币性成本投入。

（二）充分拓宽企业的沟通渠道

沟通渠道的选择策略对于企业实现与顾客间深度有效的沟通互动、建立长期顾客关系及管理顾客资源至关重要。当今科技发展日新月异，使得企业的沟通管理及策略制定更加依赖于先进的技术。互联网与社交媒体的迅猛发展为顾客角色的转变提供了有力的平台保障。互联网提供的成本效益和多媒体互动机会以及在线社区的存在使得虚拟平台成为顾客参与价值共创最主要的途径，是企业实现与顾客沟通最为重要的一类渠道。当前，已经有越来越多的企业开始创建网络平台以鼓励顾客参与价值共创。同时，越来越多的顾客也已经通过企业提供的网络平台参与到企业的产品研发、生产及营销等活动中，实现企业与顾客的双赢。因此，企业应该积极搭建以网络为基础的虚拟沟通渠道，拓宽与顾客的沟通途径。

第七章
顾客参与价值共创的动机分析及激励机制

第一节 本章的研究意义及主要内容

价值共创是企业与顾客之间互动与合作的过程。顾客在参与价值共创时往往需要承担超出自身"职责"的"角色外"任务，如给企业提供新产品创意，承担部分生产职责（如自行装配产品），帮助企业传播品牌和产品信息等。也就是说，顾客在资源（时间、体力、精力、情感等）和能力（知识、技能和经验等）方面需要做出额外的付出。因此，企业管理者应该像关注员工的付出那样去关注顾客的贡献，并从顾客需求的角度出发，深入分析顾客参与价值共创的行为动机，系统总结顾客参与价值共创的内在动力和外在诱因，并据此设计有效的激励机制，通过满足顾客的物质需求和心理需求来激发和提升顾客参与价值共创的主动性和积极性。

近年来，研究者基于需求层次理论、社会交换理论、利他互惠理论等相关理论，以用户参与开源软件开发、顾客参与产品创新、顾客参与品牌社区、用户参与内容贡献（UGC）等典型的价值共创现象为背景，对个体参与价值共创的动机进行了深入的研究。虽然具体的研究情景有所不同，但研究结论揭示出顾客在各种价值共创活动时的参与动机表现出较强的重叠性和一致性。顾客的典型参与动机包括实用利益动机（如满足独特需求、认知和学习等）、社会交往动机（如获得认同感、归属感、声望和名誉等）、自我发展动机（如实现自我价值、自我提升等）和享乐动机（满足创造欲、好奇心、愉悦心理等）。

然而，现有关于顾客参与价值共创的动机及激励的研究仍然存在不足。例如，不同类型的顾客在参与动机上存在明显的区别，相比于普通顾客，领先顾客更加期望通过参与价值共创来展示自我和提升自我，并获得认同、特权和名誉等社会性资源。因此，有必要深入分析不同类型的顾客在参与动机上的差异性，并有针对性地采取不同的激励方式，从而达成最好的激励效果。针对上述问题，本章以虚拟品牌社区为研究背景，对领先用户与普通用户的参与动机进行了对比研究，并提出企业应该针对不同的用户群体给出差异化的激励举措，进而充分调动各类顾客的积极性，实现共创绩效的最大化。

第二节　动机与激励的相关概念及理论

动机是激发和维持个体的行动，并将行动导向某一目标的心理倾向或内部驱力。动机具有三方面功能：首先是激发功能，即激发个体产生某种行为；其次是指向功能，使个体的行为指向一定目标；最后是维持和调节功能，使个体的行为维持一定的时间，并强调行为的强度和方向。动机是在需要的基础上产生的,当个体的生理需要或社会需要未能得到充分满足时,这种感觉匮乏的状态会推动个体去寻找满足需要的对象,从而产生行动的动机。动机可以从不同的角度进行分类。依据动机的起源,可划分为生理性动机和社会性动机。前者与有机体的生理需要相联系;后者与有机体的社会需要相联系。依据引起动机的原因,可分为内在动机和外在动机。前者由有机体自身的内部动因(如激素、中枢神经的唤起状态、理想、愿望等)所致;后者则由有机体的外部诱因(如异性、食物、金钱、奖惩等)引发。

激励是指从个体的需要和动机出发,通过适当的奖励或惩罚措施,激发和鼓励个体的主动性、积极性和创造性,使其表现出符合社会规范或群体期望的行为,进而有效地实现组织及个人目标的过程。激励可以划分为外在激励和内在激励。外在激励又可以划分为物质激励和社会激励。物质激励是指以金钱、实物等物质性资源作为激励物的激励方式;社会激励则是以荣誉、认可、尊重、授权等社会性资源对个体进行激励的激励方式。内在激励则包括了行动本身的激励和行动完成后的结果激励两种形式。行动本身的激励来自于行动所具有的挑战性和趣味性,能够使个体通过学习获得成长和发展,增强自信与自尊;行动的结果激励主要指完成行动给个体带来的成就感和满足感。

外在激励和内在激励对个体的行为均具有显著影响,但人们对于二者之间的关系存在不同的看法。认知主义学派认为个体行为的产生和发展主要受内在因素的驱动,内在激励是激发和鼓励个体行为的主要方式,具有稳定、持久和强烈的激励效果。行为主义学派则认为,适当的外部刺激有助于吸引个体表现出某种行为,而持续的外在行为最终会内化为个体的行为习惯。研究表明,当外在激励和内在激励可以兼得的情况下,外在激励不但不会增强行动的动机,反而会降低行动的动机。此时,动机强度会变成两者之差。人们把这种规律称为德西效应（也称过度理由效应）。这个结果说明，如果参与者是因为活动本身的吸引力而参与其中（即内在激励），同时提供外部物质奖励（外在激励），反而会减少活动对参与者的吸引力。

自我决定理论是由美国心理学家 Deci 和 Ryan 在 20 世纪 80 年代提出的一种关于人类自我决定行为的动机过程理论。该理论认为，人是积极的有机体，具有先天的心理成长和发展的潜能。在充分认识个人需要和环境信息的基础上，个体倾向于对自身的行动做出自由选择。自我决定的潜能可以引导人们从事感兴趣的、有益于能力发展的活动，这种对自我决定的追求就构成了人类行为的内部动机。自我决定理论指出：社会环境可以通过满足个体在自主、胜任、关系三方面的心理需要来增强人类的内在动机，并促进外在动机的内化，从而保证人类健康成长。

第三节 理论模型和研究假设

一、理论模型

动机理论研究表明，个体的行为是由其主导动机决定的，即用户的参与动机是一种心理状态，而参与行为是这种心理状态的结果。Kanfer（1990）指出，用户的参与动机对其参与行为有重要的影响，用户的参与动机决定了其行为方向、努力程度和面对困难时的坚持程度。因此，本章以网络虚拟社区为研究背景，基于动机理论，提出了顾客参与价值共创的动机和行为模型。同时，综合运用独特性理论、认知评价理论、社会交换理论和需求层次理论来分析和理解顾客的价值共创行为。通过查阅虚拟品牌社区、领先用户、顾客参与动机和参与行为等方面的研究成果，建立了虚拟品牌社区中用户参与动机对其参与行为的作用机理模型，如图7-1所示。模型中将用户参与动机划分为认知需求动机、独特需求动机、自主控制动机、休闲娱乐动机、经济利益动机、社会交往动机和自我实现动机7种类型，并研究了领先用户和普通用户在参与动机上存在的显著区别，进而针对不同用户群体设计了差异化的激励措施。

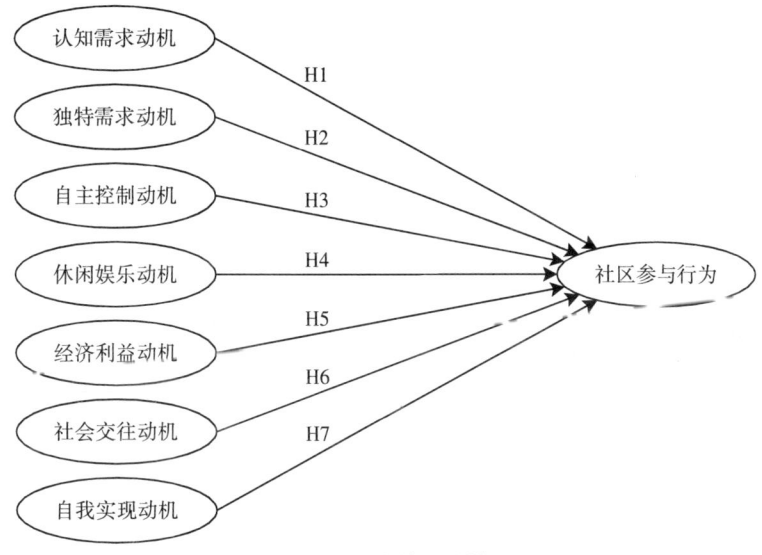

图 7-1　本章的理论模型

二、研究假设

（一）认知需求动机对用户社区参与行为的影响

获得认知资源是个人使用技术界面在线参与价值共创的重要影响因素之一。用户在参与社区互动的过程中，对获得产品或服务信息的需求，是用户参与在线虚拟环境的一个重要动机。消费者通过参与一些知名企业，如黑莓、联想等的虚拟品牌社区来搜索有效信息、分享购后经验以及维护信息质量。因此，认知需求动机即获得信息、技术、知识的需求是用户参与虚拟品牌社区行为的一个主要动机。领先用户具有关于产品未来发展的技术和市场知识，其在贡献自己知识的同时也希望从其他用户那里获得更多的产品相关知识，而普通用户也会有信息服务需求。因此，领先用户和普通用户的认知需求动机都会促使其产生社区参与行为。基于上述分析，提出如下假设：

H1a：认知需求动机对虚拟品牌社区中普通用户的参与行为有正向影响。

H1b：认知需求动机对虚拟品牌社区中领先用户的参与行为有正向影响。

（二）独特需求动机对社区参与行为的影响

独特性理论为解释虚拟品牌社区中的用户参与行为提供了重要的理论依据，即个体既存在将自己同化为外部世界的服从性需求，又存在将自己与外部世界区分开来的独特需求。独特需求既可以通过直接购买独特的产品来满足，也可以通过自己对产品的个性化改造来获得。随着社会的进步，人们的自我意识更加强烈，具有独特需求的群体越来越庞大，从而使得领先用户参与社区活动的意义得以凸显。一般而言，消费者的独特需求需要依靠独特性产品或服务来实现。因此，如果虚拟品牌社区能够满足用户的独特需求，就会促使这类用户产生社区参与行为。研究发现，不同个体的独特需求存在很大差异。领先用户对公司的产品、技术有着很好的把握，对于具有独特性的产品或服务的需求也比普通用户更加强烈，因此他们在独特需求的推动下，会主动参与社区活动并将自己的知识和能力共享。而普通用户在参与社区活动时一般都浅尝辄止，独特需求相对于核心用户较弱。因此，提出如下假设：

H2a：独特需求动机对虚拟品牌社区普通用户的参与行为有正向影响。

H2b：同普通用户相比，独特需求动机对领先用户参与行为的影响更显著。

(三) 自主控制动机对社区参与行为的影响

获得自主控制是人类最基本的动机之一。心理学研究表明追求对周围环境的自主控制是促使个体表现某种行为的主要动机。Rodi 等（2000）认为，用户的积极参与行为可以满足其获得心理和行为上的自主控制。Novak 等（2004）更加强调自主控制在行为决策中的重要性，并指出个体对环境的自主控制需求与生俱来。领先用户作为企业产品/服务的领先体验者和关注者，更加希望参与产品或服务的开发、使用和改进，并且希望拥有自主权和发言权，使自己处于重要地位并从中获得优越感。这种自主控制动机也促使领先用户在社区中更加活跃，主动进行自我表现并积极影响其他用户的观点和行为。相比之下，普通用户更多扮演着跟随者的角色，自主控制动机对其参与行为的影响没有领先用户那么明显。基于上述分析，提出如下假设：

H3a：自主控制动机对虚拟品牌社区普通用户的参与行为有正向影响。

H3b：同普通用户相比，自主控制动机对领先用户参与行为的影响更显著。

(四) 休闲娱乐动机对社区参与行为的影响

研究表明用户参与社区的一个重要动机是获得愉悦感和新奇感，很多用户正是因为此类动机而主动参与社区活动（Rodi，2000）。Teo 等（1999）以互联网使用者为研究对象，发现娱乐感是影响用户参与行为的重要因素。Dholakia 等（2004）的研究也证实了休闲娱乐动机对参与行为的正向影响。可见，用户在参与社区活动的过程中获得娱乐感是其表现出参与行为的重要影响因素。例如在小米社区中，用户分享关于产品和服务的心得体验，交流各自的想法和观点，达到表达情感、娱乐身心的目的。因此，提出如下假设：

H4a：休闲娱乐动机对虚拟品牌社区中普通用户的参与行为有正向影响。

H4b：休闲娱乐动机对虚拟品牌社区中领先用户的参与行为有正向影响。

（五）经济利益动机对社区参与行为的影响

自我决定理论指出，个体对外在规则的遵守，本质上是因为个体需要获得外在满足，或是为了获得行为背后的经济报酬。在虚拟品牌社区中，经济利益是吸引用户参与的重要因素之一。用户希望通过在社区上分享经验、交流技巧来换取相应的物质利益。用户参与的经济利益需求主要体现为财务方面的奖励（如现金奖励、抽奖活动）以及会员积分赠送等。如前所述，领先用户与普通用户相比具有更丰富的产品知识和购物经验，他们的参与动机更加具有多样性，而经济利益动机作为一种基本诉求，对普通用户的吸引力可能更加强烈。基于上述分析，提出如下假设：

H5a：经济利益动机对虚拟品牌社区中普通用户的参与行为有正向影响。

H5b：经济利益动机对虚拟品牌社区中领先用户的参与行为有正向影响。

（六）社会交往动机对社区参与行为的影响

需要层次理论指出，个体存在与他人进行交流，获得友谊和关爱等社交需要。社交需要包括社交欲和归属感，前者指个体渴望与他人交往，拥有倾诉的对象，获得他人的关爱；后者指个体渴望成为群体中的一员，获得归属感（Nambisan，2002）。虚拟品牌社区打破了现实生活中时间和空间的限制，使得消费者可以接触到更多具有共同爱好的用户，拓展人际关系网络，从而满足自身的社交需求。消费者通过参与虚拟品牌社区获得社会支持，产生归属感。常静和杨建梅（2009）的研究指出，社会交往动机是影响用户参与的重要因素；王莉（2007）的研究也证实了社会交往动机对用户参与行为的重要影响。基于社会交往需求，领先用户和普通用户会主动通过虚拟社区平台与其他用户进行交流，分享知识、技能和经验。因此，提出如下假设：

H6a：社会交往动机对虚拟品牌社区中普通用户的参与行为有正向影响。

H6b：社会交往动机对虚拟品牌社区中领先用户的参与行为有正向影响。

(七) 自我实现动机对社区参与行为的影响

个体具有自我提高和自我实现的内在需求，知识和技能的丰富会使个体获得成就感。而虚拟品牌社区的出现为用户分享知识、交流经验提供了便捷的途径，使用户可以深入了解产品的特点，充分挖掘产品中蕴含的价值，满足自我实现需求 (Nambisan, 2002)。而为了满足自我实现的需求，个体会参与特定行为 (Dholakia, 2004)。很多研究表明，用户的自我实现动机对其参与虚拟品牌社区行为具有显著影响。领先用户拥有丰富的产品知识和使用经验，同时具备饱满的创新热情和出色的创新能力，这类用户通过社区互动帮助其他用户提高产品知识和技能，从而满足自我实现的需求。而由于知识和经验的相对匮乏，普通用户的自我实现动机相对而言较弱。基于上述分析，提出如下假设：

H7a：自我实现动机对虚拟品牌社区普通用户的参与行为有正向影响。

H7b：同普通用户相比，自我实现动机对领先用户参与行为的影响更显著。

第四节 研究设计与数据分析

一、虚拟品牌社区领先用户的识别

选择国内虚拟品牌社区的典型代表——小米社区作为研究对象，利用用户留存在小米社区中的内容信息和互动信息对用户的"领先性"进行客观的评价。选择创新性、专业性、互动性和影响力作为评价用户"领先性"的指标，利用聚类分析法区分出小米社区中的领先用户和普通用户。聚类分析的结果表明，两类用户的比例基本符合 3：7 的黄金比例，说明采用这种方法具有一定的合理性。各类指标的具体含义和测量题项如表 7-1 所示。

表 7-1 用户识别的维度和指标

评价维度	评价维度的内涵	评价指标	评价指标的题项
创新性	用户具有超前的需求，并能够根据自己的独特需求形成新的产品概念或创意	创新帖量	您发布过多少个介绍小米公司产品的帖子
专业性	用户参与的专业能力，包括其具有的专业知识和技能	技术帖总量	您有多少个帖子被顶为精华帖
互动性	用户与他人进行交流与合作的意愿，以及支持或帮助他人完成创新活动的意愿	发帖量	您是否经常发表主题帖
		回复量	您是否经常回复别人的帖子
影响力	用户在创新社区中具有的声誉、威望或资历，以及对其他社区成员的影响力	用户等级	您的用户等级是

在确定了对用户进行分类的测量指标后，根据所选定用户的实际情况对各个评价指标进行赋值，赋值的依据如表 7-2 所示。

表 7-2 用户分类赋值

题项						
您发布过多少个介绍小米公司产品的帖子	选项	0 个	1~10 个	11~20 个	21~30 个	31 个及以上
	得分	1 分	2 分	3 分	4 分	5 分
您有多少个帖子被顶为精华帖	选项	0 个	1~5 个	6~10 个	10~20 个	21 个及以上
	得分	1 分	2 分	3 分	4 分	5 分
您是否经常发表主题帖	选项	从不	很少	偶尔	经常	频繁
	得分	1 分	2 分	3 分	4 分	5 分
您是否经常回复别人的帖子	选项	从不	很少	偶尔	经常	频繁
	得分	1 分	2 分	3 分	4 分	5 分
您的用户等级是	选项	潜力级	高级	发烧级	骨灰级	神马火星级
	得分	1 分	2 分	3 分	4 分	5 分

二、问卷设计与数据收集

采用调查法进行数据收集。在对相关文献进行梳理的基础上,结合面向相关领域专家以及虚拟品牌社区成员的深度访谈,决定选择成熟量表对理论模型中涉及的各个构念进行测量。同时,根据特定的研究背景对题项进行了情景化处理,初步设计了研究的调查问卷。通过预调研,进一步修正测量指标,确定最终的测量题项。问卷中的各指标均采用李克特5点制量表进行测量,1为"非常不同意",5为"非常同意"。

为了保证调查数据的质量,委托国内知名的专业调查网站,在其样本库中选择符合要求的目标人群,向小米社区用户发出远程填写在线问卷的邀请。共回收问卷383份,其中有效问卷为333份,问卷有效率为86.9%。其中男性比例为56.8%,略高于女性(43.2%);年龄构成以中青年为主,在19~35岁(273人,占82.1%);大部分被试为高学历人群(大学本科和硕士,239人,占71.9%);职业以学生和公司职员为主(206人,占61.9%)。

三、测量模型的检验

研究采用两阶段法对数据进行分析,依次对测量模型和结构模型进行检验。

首先,根据Cronbach's α 系数对问卷的信度进行检验,测量模型的验证性因子分析结果如表7-3所示。由表7-3可以看出,7个潜变量的 α 值在0.80~0.88,均高于0.70的标准,说明量表具有较好的内部一致性,能够对潜变量进行可靠的测量。

表 7-3 测量模型的验证性因子分析结果

变量	题项	标准化因子载荷	Cronbach's α 系数	AVE 值
认知需求动机	我从小米社区中获得了很多小米公司产品的知识或信息	0.85	0.906	0.706
	小米社区是我分享产品知识、技术信息的主要平台	0.88		
	其他米粉分享的使用心得和感受,使我受益匪浅	0.81		
	加入小米社区,提高了我关于产品改进、产品技术等方面知识	0.83		
独特需求动机	我想通过参与社区活动来展现我与众不同的产品创意或想法	0.83	0.883	0.651
	我喜欢通过小米社区,提出我对小米公司产品的改进意见	0.88		
	我觉得有必要对小米公司的产品进行改进来满足我的个性需求	0.77		
	我更喜欢专门为用户定制的产品而不是已经设计好的成品	0.74		
自主控制动机	在线发表有关产品改进意见时,我感觉我有充分的自主	0.75	0.857	0.680
	在小米社区中,我是占有重要地位的一个角色	0.87		
	在参与小米社区活动时,我的行为能够显著地影响其他	0.83		
休闲娱乐动机	在参与小米社区活动时,我感到其乐无穷	0.88	0.910	0.769
	参与小米社区是我的一种生活方式,为了寻求开心快乐	0.87		
	参与小米社区可以让我忘记烦恼,心情得到放松	0.88		
经济利益动机	发表帖子和回复帖子能让我获得积分、折扣或奖励	0.72	0.852	0.590
	我注册小米社区的 VIP 会员是为了享受社区提供的特殊优惠	0.71		
	当遇到相关产品问题时,我通常会向社区成员询问以求解决	0.82		
	参与小米社区活动能使我节省购物方面的费用	0.77		
社会交往动机	我与小米社区中的管理员和某些用户建立了友谊	0.89	0.909	0.732
	小米社区扩大了我的社区圈子	0.86		
	参与小米社区是为了寻找和我具有相同属性和共同爱好的人	0.88		

续表

变量	题项	标准化因子载荷	Cronbach's α 系数	AVE 值
自我实现动机	很多时候我能从参与社区活动中获得一种满足感	0.87	0.918	0.798
	参与小米社区能使我充分展现知识,并且赢得其他成员肯定	0.88		
	小米社区给我尽情发挥的空间,是实现自我价值的重要方式	0.90		
参与行为	我在小米社区中发起过一些主题讨论帖	0.75	0.939	0.687
	我乐于响应其他成员有关小米公司产品/服务的话题	0.83		
	我会关注小米公司在社区中发起的各种活动	0.84		
	我经常访问小米社区	0.84		
	每次访问小米社区,我都会停留一定的时间	0.82		
	我会思考其他成员对小米公司产品的意见,并给出我的想法	0.84		
	我积极地参与社区活动,并希望通过社区平台,提交我对小米公司产品/服务的设计方案或创意构想	0.84		

其次,从收敛效度和区别效度两个方面来检验量表的效度。若题项在其对应的潜变量上的标准化因子载荷大于0.7,各潜变量的平均方差提取量(AVE值)大于0.5,则表明通过了区别效度的检验;若每个潜变量的AVE值的平方根大于变量之间的相关系数,则满足区别效度的要求。数据分析结果显示,所有问项在所对应的潜变量上都具有较高的标准化因子载荷(取值在0.71~0.90),且均在0.01的水平上显著。此外,AVE取值均高于0.5,表明数据具有较好的收敛效度。进一步分析结果显示,每个潜变量AVE值的平方根均大于潜变量之间的相关系数,表明各个潜变量之间具有较好的区别效度。

四、结构模型的检验

(一)普通用户参与动机的结构模型检验

为了能够比较虚拟品牌社区中领先用户和普通用户的参与动机与参与行为的差异,研究采用结构方程模型软件 AMOS 21.0 对普通用户参与动机与参与行为的关系进行检验,检验结果如表 7-4 所示。模型拟合指标结果如下:$\chi^2/df = 1.52$,CFI = 0.936,GFI = 0.791,NFI = 0.836,IFI = 0.937,RMSEA = 0.059。可以看出,各项指标基本符合相应的要求,表明数据与模型的拟合较好。

表 7-4 普通用户结构模型的检验结果

假设路径	标准化路径系数	C.R.值	结论
H1a: 认知需求动机→参与行为	0.442	3.338***	支持
H2a: 独特需求动机→参与行为	0.262	1.635	不支持
H3a: 自主控制动机→参与行为	0.012	0.075	不支持
H4a: 休闲娱乐动机→参与行为	0.375	2.244***	支持
H5a: 经济利益动机→参与行为	0.296	2.100***	支持
H6a: 社会交往动机→参与行为	0.203	2.115***	支持
H7a: 自我实现动机→参与行为	0.169	1.332	不支持

注:*** 表示 $p < 0.001$。

由表 7-4 可以看出,普通用户的认知需求动机、休闲娱乐动机、经济利益动机、社会交往动机对其参与行为具有显著影响,假设 H1a、假设 H4a、假设 H5a、假设 H6a 得到验证。然而,普通用户的独特需求动机、自主控制动机、自我实现动机与其参与行为之间的关系并不显著,假设 H2a、假设 H3a、假设 H7a 未能得到数据的支持。

(二)领先用户参与动机的结构模型检验

进一步对领先用户参与动机与参与行为的关系进行检验,检验结果如

表 7-5 所示。模型拟合指标结果如下：$\chi^2/df = 1.77$，CFI = 0.936，GFI = 0.791，NFI = 0.836，IFI = 0.937，RMSEA = 0.067。可以看出，各项指标的取值基本符合相应的要求，表明数据与模型的拟合较好。由表 7-5 可知：领先用户的认知需求动机、休闲娱乐动机、社会交往动机对其参与行为具有显著影响，假设 H1b、假设 H4b、假设 H6b 得到验证。同普通用户相比，独特需求动机、自主控制动机、自我实现动机对领先用户参与行为的影响更为显著，假设 H2b、假设 H3b、假设 H7b 得到验证。然而，领先用户的经济利益动机与其参与行为之间的关系并不显著，假设 H5b 未能得到数据的支持。

表 7-5 领先用户结构模型的检验结果

假设路径	标准化路径系数	C.R.值	结论
H1b：认知需求动机→参与行为	0.740	3.777***	支持
H2b：独特需求动机→参与行为	0.304	3.108***	支持
H3b：自主控制动机→参与行为	0.278	3.187***	支持
H4b：休闲娱乐动机→参与行为	0.289	2.646***	支持
H5b：经济利益动机→参与行为	0.569	1.257	不支持
H6b：社会交往动机→参与行为	0.137	2.043***	支持
H7b：自我实现动机→参与行为	0.533	3.089***	支持

注：*** 表示 $p < 0.001$。

第五节 结论与启示

本章的研究结果表明：领先用户和普通用户参与虚拟品牌社区的动机具有明显的区别。休闲娱乐动机、社会交往动机和认知需求动机是所有用户参与社区活动的基本需求，也就是说，获取产品知识、寻求快乐和结交朋友是虚拟品牌社区需要满足的基本需求。领先用户与普通用户在参与动机方面的区别主要体现在领先用户具有更强的独特性需求和控制感需求，并且渴望在参与社区活动中获得自我实现。因此，根据不同类型用户在参与动机方面的差别有针对性地设计激励机制是提升用户参与积极性的关键所在。具体来说，设计激励机制应重点考虑以下几个方面：

（1）提供丰富的社交功能，满足用户的社会交往动机。领先用户和普通用户都具有社会交往的动机，即希望通过参与社区活动实现与其他用户的互动、互助和知识分享。因此，虚拟品牌社区应该为用户提供良好的社会交互功能。例如，按照内容主题或顾客特征等对内容进行分组，为用户与其他志同道合的社区成员建立关联提供便利；还可以通过各种线上或线下活动帮助用户之间建立起广泛的友谊和关系网络，使顾客的社会交往需求得到满足。

（2）提供娱乐功能，满足用户的休闲娱乐动机。休闲娱乐动机是领先用户和普通用户共有的参与动机，因此，企业可以为顾客提供功能强大的娱乐工具箱，为顾客构建良好的平台环境和互动氛围。虚拟品牌社区管理应该注重品牌信息的准确性、及时性和趣味性，鼓励社区成员发表产品或服务的使用体验，帮助社区成员解决在购买和使用产品时遇到的各种问题，在社区中营造积极向上的氛围，从而满足用户获取快乐的需求。

（3）提供认知学习功能，满足用户的认知需求动机。鼓励用户之间积极互动，例如分享资源。同时，应结合顾客的认知需求，在社区中的显著位置设置信息发布渠道，为顾客获取相关信息提供便利。对于那些积极为社区贡献信息和知识的用户，应给予适当的物质或精神激励来表示对其付出的认可和肯定。

（4）帮助领先用户达成自我实现的愿望，满足其自我实现动机。与普通用户相比，自我实现动机对领先用户参与行为的影响更为显著。社区管理者应积极引导用户主动参与到社区建设中，激发用户的信赖感、归属感和成就感。同时，通过荣誉称号、授予特权等方式使领先用户真切地感受到自己受到了认可和关注，并将平台发展与自身发展紧密结合，自发地为社区做出贡献，从而获得自我价值的实现。

（5）提供个性化功能，满足领先用户的独特性需求动机。由于领先用户通常对公司的产品、技术有着更为深入的了解，往往也对产品和服务具有更加独特的需求，因此，企业和社区管理者应该在品牌社区中营造开放、包容的创新氛围，引导用户，尤其是领先用户充分表达自己对产品和服务的独特需求，通过激发领先用户的内在动机来提高其参与社区建设的积极性。

（6）提供自主选择的空间，满足领先用户的控制感动机。社区管理者应着重提升社区的有用性和易用性，为用户提供各类工具和软件，使领先用户可以借助这些工具和软件来形成自己的产品创意和设计构想，表达自己的独特需求，更为充分地感受到品牌社区所带来的技术便利和资源便利。

（7）提供经济激励，满足用户的经济利益动机。物质奖励是促进用户参与品牌社区的重要外部因素，社区管理者可以根据用户贡献的高低为其提供酬金、奖金、奖品或纪念品等。此外，社区还可以为用户提供与用户需求或平台有关的纪念品或奖品，通过实物化的奖励促进用户积极参与社区活动和社区建设。

本章的研究结果表明，虚拟品牌社区的出现拓展了企业与用户、用户与用户之间的交互方式，为企业的创新活动提供了一种传播产品价值的有效途径。企业管理者应充分重视在线品牌社区的建设和管理工作，正确识别领先用户并将其纳入企业的创新体系中，为企业的开拓创新和持续发展提供新的动力和源泉。

本章案例

UGC 内容平台如何激励用户创造有价值的内容

UGC（User Generated Content）即用户创作内容，是指在 Web 2.0 时代每个用户都可以通过内容平台创作、发布、分享自己原创的内容，对基于互联网进行知识的积累和传播起到了非常重要的作用。UGC 平台主要包括社交软件（微信）、社交网站（如微博、Facebook、开心网等）、社区论坛（如百度贴吧、天涯社区、知乎等）、视频分享网站（优酷、快手等）、知识分享网络（维基百科、百度百科等）、资讯类网站（今日头条、百家号等）等。UGC 平台的运营和管理中最为重要的问题就是发现和吸引能够创造高价值、高关注度内容的核心用户，并且通过有效的激励措施来推动和鼓励核心用户进行高品质内容的创作及分享。通过对国内外部分 UGC 平台用户激励措施的归纳和整理，将 UGC 平台的用户激励措施归结为以下几种类型。

（1）给用户适当的精神激励。用户通过 UGC 平台创作和分享高质量内容的最主要原因是出于自身的兴趣和爱好，期望在他人面前展现自己的能力和价值，也就是说，其行为主要是受内在动机的驱动。因此，UGC 平台应结合用户的这种心理需求对其进行精神激励，具体的方法包括提升顾客的存在感、增加用户的荣誉感、赋予用户一定的特权等。为了提升顾客的存在感，平台应积极鼓励用户之间通过点赞、评论、关注、转发等形式来进行紧密的互动，通过这种方式展现出对核心用户价值的认同。同时，可以利用排名、等级、头衔、身份标签、成就勋章、荣誉称号等方式增强顾客的荣誉感。此外，特权也是

UGC 平台较为常用的用户激励手段，对那些高活跃、高贡献的用户赋予某种特权（如担任论坛的版主），可以有效提升这些用户的积极性。

（2）给用户适当的物质奖励。物质奖励是促进用户持续贡献内容的重要外部因素，可以按照用户贡献的高低为其提供酬金、奖金、奖品或纪念品等。其中，金钱激励是最为有效的激励方式之一。目前，很多 UGC 平台都设计了使高质量内容能够转化为现金收益的机制。如今日头条、百家号等资讯类网站会向高质量内容的贡献者提供一定的现金奖励；快手、抖音等视频类 UGC 平台设计了"打赏"机制，使高关注度"主播"在短期内积累了可观的财富，对其他用户起到了明显的示范和带动作用。此外，UGC 平台可以为用户提供与用户需求或平台有关的纪念品或奖品，通过实物化的奖励促进用户积极参与优质内容的创作和分享。

（3）让用户具有参与感与归属感。参与感和归属感是提供用户黏性的有效手段，如果用户感到自己在平台中是有价值的、被认可的，就会充分发挥自己的能力为平台带来高价值内容。例如，锤子手机操作系统中有 1000 多个图标带有设计者的信息、DOTA1 游戏中会用资深玩家的名字对游戏中的角色进行命名，这些做法会使用户感到自身的付出受到了认可，从而更加积极主动地在社区中贡献自己的价值。提升用户的参与感和归属感还需要重点关注用户关系的维护，使用户在 UGC 平台中通过互动和分享结识更多的朋友，建立和形成自己的虚拟关系圈，进而形成对平台以及对通过平台所形成的社交关系的归属感。

（4）社区应对用户行为做好引导。UGC 平台的规范管理和有效引导是保证用户创作高质量内容的重要前提。社区管理人员应该对社区中有价值的内容进行深度挖掘，并做出推荐、置顶、奖励、加精等操作。同时，社区也应该对那些毫无价值甚至会带来不良影响的内容进行规范和禁止，保证社区内容的质量，给核心用户营造良好的氛围和环境。例如，百度的站长社区要求注册会员必须发表一篇原创内容才可以到站内版块与其他站长进行交流，而且新手用户只能在新手版块发帖。这类规定可以有效引导用户积极参与平台建设，为平台创作和贡献高质量的内容。

（5）重视线下活动，拉近用户距离。很多平台都会定期或者不定期地举行一些线下的交流活动，其目的是让用户通过面对面的接触来加深彼此之间的了解，强化互动关系并建立友谊，进而提升平台的活跃度。在策划和实施线下活动的过程中，要注意提高活动的创新性和新颖性。通过这些线下活动实现对用户和潜在用户的拉新、促活和转化，有效扩大平台的知名度和影响力。

第八章
价值共创中的顾客间互动及其管理策略

第一节 本章的研究意义及主要内容

顾客参与价值共创通常并非孤立的个体行为，顾客之间的互动与合作对于价值共创具有至关重要的作用（杨依依，2008）。首先，不同的顾客具有不同的信息来源、知识结构和思维方式，有助于在顾客群体中形成学习效应和互补效应；其次，顾客间的互动拓宽了参与者的社交范围，为建立友谊、沟通情感提供了新的途径；最后，顾客之间的互勉和互助能够产生明显的协同效应，更充分地激发群体动力，使群体成员通过紧密合作达成价值共创的目标（Georgi，2013；Bruhn，2014）。可见，顾客之间的模仿，竞争和相互学习有助于创意和设计的产生，将使顾客参与价值共创的积极性与实效性显著提高（Sawhney，2010）

顾客之间的互动具有较强的不确定性，不能完全由企业加以控制，但最终会显著影响顾客对产品或服务的满意度。因此，企业有必要对顾客间互动加以妥善管理。尽管学界和业界已经充分认识到顾客间互动对价值共创所具有的积极影响，但相关的理论研究还不够充分，对价值共创中顾客间互动的形式和内容还缺乏系统的分析，对顾客间互动影响顾客价值共创意愿的作用机制还有待被进一步揭示。因此，在价值共创的视角下，剖析顾客间互动的内涵和外延、归纳顾客间互动的类型与内容，探索顾客间互动影响顾客价值共创意愿的作用机制成为具有理论和实践意义的研究主题。

本章在价值共创的视角下，分析了顾客间互动对顾客价值共创意愿的影响，并引入顾客心理因素进一步刻画二者之间关系的作用机制。基于群体动力理论、社会支持理论和计划行为理论，通过分析顾客间互动的形式和内容，将其划分为学习型互动、情感型互动和合作型互动3个维度，建立了以顾客间互动为自变量，自我效能感、社会归属感为中介变量，顾客价值共创意愿为因变量的理论模型，提出了相关的研究假设。利用自行开发的调查问卷进行数据收集，并通过数据分析对提出的理论模型进行了实证检验。最后，就如何有效促进顾客间互动，提升价值共创的效率提出了若干建议。

第二节　相关文献综述

一、顾客间互动的概念内涵和维度构成

随着信息技术的日新月异，以互联网为基础的网络平台蓬勃发展，人与人之间的互动突破了时间和空间限制，对"互动"的研究随之成为各学科领域关注的热点和重点。在营销领域，学者们从不同的角度对顾客间互

动展开研究。Georgi（2013）认为，顾客间互动是顾客在消费产品或服务过程中，彼此之间发生的各种类型的个体或群体性的互动行为，强调了互动过程和主体类型。Bruhn（2014）重点关注了互动发生的动机特征，认为顾客间互动是处于同一消费平台或消费情境中的众多顾客进行资源交换和协作的过程。Libai（2010）认为，顾客间互动是信息传递的过程，信息从一个（或者一群）消费者传递到另一个（或者一群）消费者，传递的信息会对消费者的偏好、态度和实际消费行为产生影响。李志兰（2015）将顾客间互动定义为在产品、服务的消费或体验过程中，因为共享服务、环境或设施，两个或多个顾客之间通过口头交流、文本信息、身体接触、形体姿态甚至仅仅是出现在消费现场等方式而产生的相互联系和相互作用。

对于顾客间互动的类型，可以从互动主体特征、互动场景、互动内容特征等角度进行划分。互动主体特征包含主体的数量特征以及主体之间的关系特征。根据互动主体的数量特征，顾客间互动可以划分为一对一互动、一对多互动以及多对多的群组互动。Baron 和 Harris（2010）按照主体之间的关系特征，将顾客间互动划分为陌生人之间的互动和熟人之间的互动。按照顾客互动的服务场景划分，可以把服务场景分为线上和线下两种场景，因此顾客间互动可以分为在场互动和离场互动两种类型。其中，在场互动是指互动发生在实体消费场景，传统的顾客间互动多为在场互动；离场互动指互动发生在实体消费场景之外，主要存在于网络论坛、虚拟社区以及在线群组等。根据顾客间互动的内容特征，可以将顾客间互动划分为身体互动、情感互动和智力互动等。

针对员工参与企业创新行为的研究表明，员工参与企业创新的影响因素分为三个层次，分别为个体自身特征（知识能力、认知水平）、组织创新氛围（他人的支持与配合）和创新团队构建（团队目标及团队成员之间的沟通）。顾客参与价值共创与员工参与企业创新非常相似，因此，顾客间的互动也可以从上述三个角度进行考量。Bruhn 等（2014）指出：顾客在相互交流的过程中，不仅能够获得大量与产品和服务有关的信息、知识和经验，而且，顾客间互动还有助于降低其面对消费决策时的焦虑和不安。Baron 和 Harris（2010）指出，顾客间的互动行为实质上也是一种社会交互行为，有助于帮助个体消除孤独感，获得群体归属感，进而形成对自我身份的认同。个体还可以通过与其他消费者的互动得到精神上的愉悦和满足，获得体验性利益，进而提高其参与价值共创的意愿并表现出价值共创行为。

综上所述，本章在价值共创的背景下，基于群体动力理论和社会支持理论，将价值共创中的顾客间互动划分为学习型互动、情感型互动和合作型互动。首先，顾客通过互动、分享和学习，形成了信息、知识和经验交流的网链，进而提升顾客的认知能力和知识水平，将这种互动称之为学习型互动。其次，通过与其他顾客相互了解和建立友谊，个体会得到其他顾客的情感支持（赞赏、认同和鼓励），这种互动称之为情感型互动。最后，价值共创通常需要群体成员的相互合作才能完成，顾客间互动有助于个体获得其他顾客的帮助和配合，进而更好地达成共创目标，这类互动可以称之为合作型互动。

二、顾客间互动的相关理论

（一）群体动力理论

群体动力理论在社会心理学的理论体系中占有重要地位，该理论的提出者是美国著名心理学家 Lewin，他在 1939 年发表《社会空间实验》一文中正式提出了"群体动力"的概念，指出人既以个体的形式存在，也以团体的形式存在，个体行为是个体的内在需要和外在环境相互作用的结果。群体动力理论的宗旨是寻找和揭示群体行为以及群体中个体行为的真正动因，以及群体中成员之间的合作、竞争、依赖及利他行为的表现形式和内在机理。

根据民主和专制的团体氛围实验以及 Lewin 及其后继者的其他实验研究，群体动力理论逐渐形成了完整的体系，其主要内容包含：群体内聚力、个人动机和群体目标、领导和群体性能、群体的结构属性、群体压力与群体标准等。其中，群体内聚力是其成员为了一个共同目标而一起工作，愿意为群体分担责任，营造友好合作的氛围。个人动机和群体目标存在密切关系，群体目标会影响个人的行为动机，高度融合于群体的个体成员会为实现群体目标而付出努力。个体的动机和需要、群体环境及工作效率会对群体的结构产生影响，这三种要素通过与领导方式的合理搭配才能产生稳定、高效的群体结构。群体动力学的研究者对于群体压力与群体标准的解释主要包括三方面：第一，个体的思想和行为受到群体中其他成员的影响；第二，群体成员的行为和态度通常会趋于一致；第三，群体压力是导致前两种情况发生的主要原因。其中，由于群体压力促使个体产生的趋同及从众行为的现象引起了研究者的极大兴趣和关注。

（二）社会助长效应

社会助长（Social Facilitation）是群体效应的一种表现形式，也是社会心理学中关于人际影响和个体社会动机的重要课题。国内外学者对于社会助长的含义基本形成了共识，Grerin（1993）认为，社会助长是个体由于观众或者共同行动者的存在而使其表现出的积极态度和高效行为。章志光（1996）认为，社会助长是指个体对他人在场的心理意识，主要指个体因他人在场或与他人一起工作而导致的行为效率提升。

Triplett（1898）是最早进行社会助长效应研究的学者，他在查阅和分析自行车比赛的记录时，发现在有观众在场的情况下，运动员的成绩会明显提高。随后，Triplett 通过缜密的实验研究，发现儿童结伴绕线的效率比儿童单独绕线的效率要高,再次证明了社会助长效应的存在。Zajonc 在前人研究的基础上,将社会助长效应划分为"观众效应"和"共作效应"。"观众效应"是指有旁观者在场的情况下,被关注者的行为能力和工作效率会有显著的提升;"共作效应"是指个体处于群体中并与他人共同参加活动时,其参与活动的积极性和行动效率都会显著提高。

(三) 计划行为理论

计划行为理论是在理性行为理论的基础上发展形成的。理性行为理论的基本前提是"人是理性的个体",其行为意向受到主观规范和行为态度的影响。然而,人们在运用理性行为理论解释个体的决策问题时,发现个体的行为不仅受到主观规范和行为态度的影响,还受到时间充裕程度、资金拥有量、信息充分性和能力高低等其他因素的影响。因此,有学者指出个体的行为会受到其所处环境和所拥有资源的限制,理性行为理论并不能充分地解释个体行为。

Ajzen(1991)在理性行为理论的基础上引入知觉行为控制这一变量,提出了计划行为理论。计划行为理论认为,个体行为取决于其行为意向,行为意向又受到行为态度、主观规范和知觉行为控制三个变量的影响。个体的行为态度越积极,主观规范影响越深刻,重要他人给予的支持越充分,个体的知觉行为控制感就越强,也越有可能表现出某种行为意向。计划行为理论被广泛用于解释个体行为的发生机制。例如,在营销领域,有学者利用计划行为理论解释顾客的购买决策以及渠道选择等消费现象。本章将该理论应用于顾客参与价值共创的研究中。在价值共创背景下,行为态度可以解释为顾客对于参与价值共创的积极或消极态度;主观规范是指顾客在消费群体中感受到社会压力;知觉行为控制是顾客对于自己参与价值共创行为的可控性的感知,如自身的能力水平以及参与共创活动的难易程度等。

第八章　价值共创中的顾客间互动及其管理策略

第三节　理论模型和研究假设

一、理论模型

本章基于现有研究，对顾客间互动的概念内涵和维度构成进行深入剖析，将顾客间互动划分为学习型互动、情感型互动和合作型互动3个维度，研究其对顾客价值共创意愿的影响。基于计划行为理论和群体动力理论，引入自我效能感和社会归属感为中介变量，其中自我效能感代表顾客的知觉行为控制，社会归属感代表顾客在群体中受到的主观规范影响；顾客价值共创意愿包含了顾客参与企业的研发、生产、销售及售后四方面内容。本章的理论模型如图8-1所示。

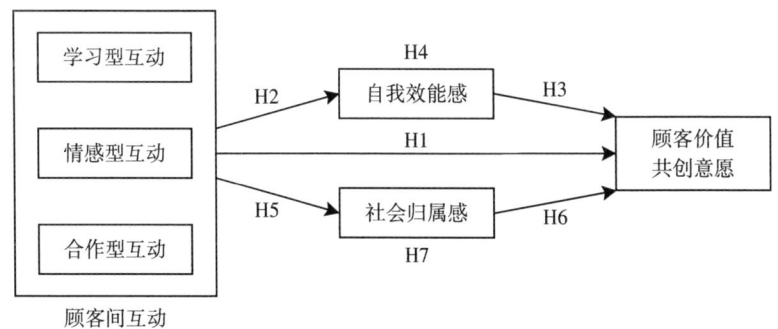

图8-1　本章的理论模型

二、价值共创中的顾客间互动与顾客价值共创意愿

价值共创视角下的顾客间互动是指顾客在参与企业的研发、生产和营

·155·

销等价值活动的过程中，与其他顾客进行信息交换、情感交流以及协同合作的互动行为。从本质上来说，顾客间互动是消费情景下发生在顾客之间的社会交互行为。根据社会支持理论，顾客通过互动来拓展自身的社交网络和社会资源，并相互提供信息支持、情感支持和社会支持。据此，本章将顾客间互动划分为学习型互动、情感型互动以及合作型互动3个维度。学习型互动是指顾客间以相互学习为目的进行的交流和互动，这类互动有助于提高顾客的知识、经验、技能和认知等能力；情感型互动是指顾客间的情感交流，如相互认同和相互鼓励，对促使顾客产生积极情感具有显著作用；合作型互动是指顾客们为了达成一致的目标，通过协同配合共同完成相关任务的互动行为。

顾客价值共创意愿是指顾客愿意投入自身的资源和能力，积极参与价值共创活动的心理状态（Heidenreich，2015）。顾客间互动能有效促进顾客间的沟通和交流，增加顾客的消费知识和消费经验，促使顾客之间增进友谊和加深感情，获得他人的鼓励、认同以及支持，提高顾客的体验价值，从而影响其参与企业价值共创活动的意愿。根据群体动力理论，群体中的个体在群体压力的作用下，会产生行为趋同现象。也就是说，处于顾客群体中的单独顾客会受到群体中其他顾客的影响，某些顾客积极参与企业的价值共创活动，会显著带动其他顾客价值共创意愿的提升。申光龙等（2016）以虚拟品牌社区为背景，证实了顾客间互动有助于提升顾客参与价值共创的意愿。Baron和Harris（2010）也证实了顾客间互动对顾客体验价值具有显著影响。因此可以推断，顾客间互动对顾客参与价值共创的意愿具有积极影响。

综上，提出如下假设：

H1：顾客间互动正向影响顾客价值共创意愿。

H1a：学习型互动正向影响顾客价值共创意愿。

H1b：情感型互动正向影响顾客价值共创意愿。

H1c：合作型互动正向影响顾客价值共创意愿。

三、价值共创中的顾客间互动、自我效能感与顾客价值共创意愿

根据计划行为理论，个体的行为意向受到行为态度、主观规范、知觉行为控制3个变量的影响。其中，知觉行为控制是个体对自身的资源和机会的感知，即个体对于实现某一目标或者实施某种行为所感知的难易程度。如果个体对实施某种行为的知觉行为控制感越强，那么其行为意愿就越高。研究表明，自我效能感是知觉行为控制的主要影响因素。

自我效能感是Bandura（1977）提出的心理学概念，是指个体对自身是否具备完成某项任务所需的信念和能力的自我感觉和自我判断。自我效能感影响个体的行为选择以及为达到行为目标而坚持和努力的程度。本章中，顾客自我效能感是顾客对于自身是否能够顺利完成价值共创活动的主观判断及自信程度。个体的自我效能感越强，其价值共创意愿也就越强。顾客通过学习型互动，充实了自己的认知资源；通过情感型互动，得到他人的认同、支持和鼓励，进而获得了精神的愉悦；通过合作型互动，能够获得他人的帮助与配合，上述三类互动均有助于提升个体的自我效能感。当个体拥有较高的自我效能感时，其参与价值共创的信心会得到加强。由此可知，顾客间互动有助于提升顾客的知识和能力，降低顾客的焦虑和不安（Ashkanasy，2004），增强顾客自我效能感，进而提高顾客参与价值共创的意愿。

因此，提出如下假设：

H2：顾客间互动正向影响顾客的自我效能感。

H2a：学习型互动正向影响顾客的自我效能感。

H2b：情感型互动正向影响顾客的自我效能感。

H2c：合作型互动正向影响顾客的自我效能感。

H3：顾客的自我效能感正向影响顾客价值共创意愿。

H4：自我效能感在顾客间互动与顾客价值共创意愿的关系中起中介作用。

H4a：自我效能感在学习型互动与顾客价值共创意愿的关系中起中介作用。

H4b：自我效能感在情感型互动与顾客价值共创意愿的关系中起中介作用。

H4c：自我效能感在合作型互动与顾客价值共创意愿的关系中起中介作用。

四、价值共创中的顾客间互动、社会归属感与顾客价值共创意愿

社会归属感是社会心理学中的重要概念，是指个体对特定群体产生高度的信任和深切的依恋，自觉融入群体之中，把群体利益当作自己行动的出发点和归结点的信念和状态，由认同感、安全感和成就感三方面要素构成（Hertel，2003）。顾客通过一系列的社会交往，不仅会获得相关信息、知识和经验，还会和其他顾客发展友谊关系，成为群体中的一员。Mcalexander（2002）指出，顾客间积极的互动和交流有助于加深他们对彼此的了解，建立信任和友谊关系，获得更多的情感支持和社会支持，使其逐渐形成社会归属感。同时，根据计划行为理论，社会归属感是主观规范的直观反映。也就是说，社会归属感促使个体愿意为群体的目标、任务和活动投入更多的资源（如时间、体力、知识、经验等）。社会归属感代表了顾客对其群体目标的认同，个体的社会归属感越强，其参与群体活动的

意愿就越强。由此可知,在价值共创的过程中,顾客间互动有助于提升顾客的社会归属感,进而提升顾客参与价值共创的意愿。

因此,提出如下假设:

H5:顾客间互动正向影响顾客的社会归属感。

H5a:学习型互动正向影响顾客的社会归属感。

H5b:情感型互动正向影响顾客的社会归属感。

H5c:合作型互动正向影响顾客的社会归属感。

H6:顾客的社会归属感正向影响顾客价值共创意愿。

H7:社会归属感在顾客间互动与顾客价值共创意愿的关系中起中介作用。

H7a:社会归属感在学习型互动与顾客价值共创意愿的关系中起中介作用。

H7b:社会归属感在情感型互动与顾客价值共创意愿的关系中起中介作用。

H7c:社会归属感在合作型互动与顾客价值共创意愿的关系中起中介作用。

第四节 研究设计与数据分析

一、问卷设计与数据收集

本章采用问卷调查法进行数据收集。基于现有的成熟量表初步确定问卷的测量题项,并根据本章的研究情景对题项进行适当的情境化处理。采用李克特7点制量表,从"非常不同意"到"非常同意",通过七个等级对不同题项加以测量。为了保证问卷的质量,通过小组访谈和专家咨询等定性研究对初始问卷进行优化,对存在歧义和不易理解的语句进行修改和完善。然后,选取小样本进行预调研,初步检验问卷的信度和效度,进而形成最终的调查问卷。问卷测度的构念包括顾客间互动的3个维度,即学习型互动、情感型互动与合作型互动;顾客心理因素的两个方面,即自我效能感和社会归属感,以及顾客的价值共创意愿。同时,还收集了被试的部分个人基本信息,如性别、年龄和学历等。

本章选取参与过价值共创活动或对价值共创有一定了解的消费者作为研究对象,采用线上和线下两种渠道发放调查问卷,共计回收问卷258份,其中的有效问卷为239份,有效回收率为92.6%。采用SPSS24.0进行描述性统计分析,并对测量量表的信度和效度加以检验,采用AMOS20.0软件构建结构方程模型,验证本章提出的理论模型和研究假设。

二、测量模型的检验

首先,通过Cronbach's α系数和组合信度C.R.值来进行信度检验。数据分析结果显示,各变量的Cronbach's α系数值在0.832~0.909,组合信度C.R.值在0.806~0.892,均达到较高水平,说明该量表具有良好的内部一致性,其信度符合要求。其次,从收敛效度和区别效度两个方面检验测量模型的效度。分析结果表明,所有题项的标准化因子载荷系数均大于0.7,其取值分布在0.817~0.895,且平均方差提取量(AVE值)均大于0.5,表明该量表具有良好的收敛效度。同时,各潜变量AVE值的平方根在0.827~0.905,均大于各潜变量与其他潜变量之间的相关系数(见表8-1),说明该量表具有较好的区别效度。综上,本章测量模型的信效度通过检验。

表 8-1 区别效度的分析结果

	A	B	C	D	E	F
学习型互动 A	0.827					
情感型互动 B	0.751	0.883				
合作型互动 C	0.647	0.765	0.887			
自我效能感 D	0.619	0.724	0.769	0.863		
社会归属感 E	0.729	0.751	0.749	0.725	0.905	
价值共创意愿 F	0.716	0.704	0.725	0.726	0.809	0.881

注：对角线上的数值为各潜变量 AVE 值的平方根，对角线下方是各潜变量之间的相关系数。

三、结构模型的检验

利用 AMOS20.0 构建本章的结构方程模型，进行路径分析及模型拟合情况的检验。分析结果表明，卡方与自由度的比值为 2.651，小于临界值 3；近似误差均方根 RMSEA 为 0.075，小于临界值 0.08。此外，GFI 为 0.869，AGFI 为 0.831，NFI 为 0.900，CFI 为 0.935。一般认为，上述拟合指标大于 0.8 为可以接受，大于 0.9 为拟合度较好。因此，分析结果表明模型的拟合度在可以接受的范围内。

路径分析的结果（见表 8-2）表明顾客间互动的三个维度，即学习型互动、情感型互动、合作型互动均能显著提高顾客的自我效能感、社会归属感和价值共创意愿。此外，顾客的自我效能感和社会归属感均能显著提高顾客价值共创意愿。具体来说，学习型互动（$\beta = 0.338$，$p < 0.001$）、情感型互动（$\beta = 0.327$，$p < 0.001$）以及合作型互动（$\beta = 0.296$，$p < 0.001$）对顾客的价值共创意愿均具有显著的正向影响，因此假设 H1、假设 H1a、假设 H1b、假设 H1c 成立。从顾客间互动对顾客参与价值共创心理因素的影响来看，学习型互动（$\beta = 0.540$，$p < 0.001$）、情感型互动（$\beta = 0.481$，$p < 0.05$）及合作型互动（$\beta = 0.850$，$p < 0.001$）均对自我效能感具有显著

的正向影响，因此假设 H2、假设 H2a、假设 H2b、假设 H2c 成立。此外，学习型互动（β = 0.404，p < 0.001）、情感型互动（β = 0.197，p < 0.05）、合作型互动（β = 0.668，p < 0.001）均对社会归属感具有显著的正向影响，假设 H5、假设 H5a、假设 H5b、假设 H5c 成立。同时，自我效能感（β = 0.290，p < 0.001）和社会归属感（β = 0.644，p < 0.001）均对顾客的价值共创意愿具有显著的正向影响，因此假设 H3、假设 H6 成立。

表8-2 结构方程模型的分析结果

假设路径	路径系数	T值	结论
H1a：学习型互动→价值共创意愿	0.338	3.284***	成立
H1b：情感型互动→价值共创意愿	0.327	3.115***	成立
H1c：合作型互动→价值共创意愿	0.296	2.981***	成立
H2a：学习型互动→自我效能感	0.540	6.182***	成立
H2b：情感型互动→自我效能感	0.481	1.983*	成立
H2c：合作型互动→自我效能感	0.850	7.642***	成立
H3：自我效能感→价值共创意愿	0.290	3.293***	成立
H5a：学习型互动→社会归属感	0.404	3.776***	成立
H5b：情感型互动→社会归属感	0.197	1.962*	成立
H5c：合作型互动→社会归属感	0.668	6.821***	成立
H6：社会归属感→价值共创意愿	0.644	6.293***	成立

注：*** 表示 p < 0.001，** 表示 p < 0.01，* 表示 p < 0.1。

四、中介效应的检验

采用 Baron、温忠麟等学者提出的方法进行中介效应检验。在本章中，顾客间互动的各个维度作为自变量 X，顾客的自我效能感和社会归属感作为中介变量 M，顾客价值共创意愿作为因变量 Y。

对自我效能感中介作用的检验过程如下：首先，通过回归分析确定顾客间互动对顾客价值共创意愿的影响及其显著性。以学习型互动为例，分析结果为 Y = 0.755X + 1.206，p < 0.001，调整后的 R^2 为 0.51，表明学习型互动对顾客价值共创意愿具有显著的正向影响。其次，通过回归分析确定学习型互动对自我效能感的影响及其显著性，分析结果为 Y = 0.488X + 2.430，p < 0.001，调整后的 R^2 为 0.41，表明学习型互动对自我效能感具有显著的正向影响。最后，确定学习型互动和自我效能感对顾客价值共创意愿的共同影响及其显著性，分析结果为 Y = 0.614X + 0.288M + 0.507，p < 0.001，调整后的 R^2 为 0.65。综上，各变量之间相关系数 a、b、c、c′ 均达到 0.001 的显著性水平，a > 0、b > 0，总效应为 c = c′ + ab。由此可以看出，自我效能感在学习型互动与顾客价值共创意愿之间起部分中介作用。采用同样的方法检验自我效能感在情感型互动、合作型互动与顾客价值共创意愿之间的中介作用，结果显示各变量之间相关系数均达到 0.001 的显著性水平，说明自我效能感在情感型互动、合作型互动与顾客价值共创意愿之间也起部分中介作用。因此，假设 H4、假设 H4a、假设 H4b、假设 H4c 成立。

对社会归属感中介作用的检验过程如下：首先，通过回归分析确定顾客间互动对顾客价值共创意愿的影响及其显著性。以学习型互动为例，分析结果为 Y = 0.755X + 1.206，p < 0.001，调整后的 R^2 为 0.51，表明学习型互动对顾客价值共创意愿具有显著的正向影响。其次，通过回归分析确定学习型互动对社会归属感的影响及其显著性，分析结果为 Y = 0.788X + 0.913，p < 0.001，调整后的 R^2 为 0.61，表明学习型互动对社会归属感具有显著的正向影响。最后，确定学习型互动和社会归属感对顾客价值共创意愿的共同影响及其显著性，分析结果为 Y = 0.322X + 0.549M + 0.705，p < 0.001，调整后的 R^2 为 0.67。综上，各变量之间相关系数 a、b、c、c′ 均达到 0.001 的显著性水平，a > 0、b > 0，总效应为 c = c′ + ab。由此可以看出，社会归属感在学习型互动与顾客价值共创意愿之间起部分中介作用。采用同样的方法检验社会归属感在情感型互动、合作型互动与顾客价值共创意愿之间的中介作用，结果显示各变量之间相关系数均达到 0.001 的显著性水平，说明社会归属感在情感型互动、合作型互动与顾客价值共创意愿之间起部分中介作用。因此，假设 H7、假设 H7a、假设 H7b、假设 H7c 成立。

第五节　结论与启示

本章对顾客间互动的相关理论和现有成果进行了总结和梳理，提出了相关的理论模型和研究假设，进一步采用调查法对提出的研究假设进行了实证检验，其主要结论可以概括为两个方面：

（1）基于群体互动理论和社会支持理论，对价值共创中顾客间互动的内涵和外延进行了深入的分析，将其划分为学习型互动、情感型互动和合作型互动 3 个维度，明确了在价值共创的情景下顾客间互动的形式和内容。进一步分析并验证了顾客间互动的各个维度对顾客价值共创意愿的影响，证实了二者之间存在显著的正向关系。因此，企业应采取有效措施促使顾客间开展各种类型的互动与合作。为推动顾客间的学习型互动，可以采取顾客授权、顾客教育、拓宽沟通渠道以及提供技术支持和信息共享平台等策略；为促进顾客间的情感型互动，可以采取顾客间关系管理、创建良好的互动氛围以及组织线上、线下联谊活动等策略；为鼓励顾客间的合作型互动，可以采取明确共同愿景、建立共同目标以及创建良好的任务分配和沟通机制等。综上，企业应该为顾客提供形式多样、方便快捷的互动渠道和途径、鼓励顾客之间的相互学习和相互交流，促进信息、知识、技能、经验等在顾客之间流转和分享,增强顾客的互助意识和合作精神,从而提升顾客的价值共创意愿,实现顾客与企业的双赢。

(2) 对顾客间互动影响顾客价值共创意愿的中间机制进行了研究,证实了自我效能感和社会归属感在二者之间所起的中介作用。其中,学习型互动对自我效能感的影响最为显著,情感型互动和合作型互动对社会归属感的影响较为显著。因此,企业在对顾客间互动进行管理的过程中,一方面,应使顾客明确其在价值共创中承担的角色和任务,提升其参与价值共创的信念和能力,增强顾客的自我效能感;另一方面,应在顾客群体中努力营造友好相处、互相信任、协同合作的文化氛围,增强顾客间的凝聚力,提升顾客的社会归属感,进而激发顾客参与价值共创活动的主动性和积极性。

本章案例

万科物业引导业主共同打造美好社区

万科企业股份有限公司成立于1984年,于1988年进入房地产行业。经过多年的发展,成为国内最具知名度和美誉度的房地产开发公司之一,目前的主营业务包括房地产开发和物业服务。万科物业是万科集团的控股子公司,专注于住宅物业服务、商写物业服务、开发商服务、资产服务、楼宇智能化服务和基于客户的移动互联网终端六大业务单元。截至2017年,已布局中国69个具有发展潜力的大中城市,服务项目共计2356个,服务于394万户家庭,在职员工人数超6万名。

万科物业致力于让更多用户体验物业服务带来的美好生活感受,围绕房地产售后市场,公司持续向管理和服务延伸,积极推动市场化运作,打造互联网信息技术平台,促进物业行业转型升级。当很多物业公司还在苦苦探索如何改善与业主之间的关系时,万科物业已经在十多年前先行给出了答案。2003年,"万科社区Happy家庭节"诞生,一路伴随万科业主度过了十余年的美好时光。2015年,为增强业主对自家小区的归属感,由万科物业发起的、属于万科业主自己的节日——"朴里节"应运而生。

(1)《邻里公约》促进和谐邻里情。2017年9月13日,大连万科物业拉开了第二届朴里节的序幕,大连市首个《邻里公约》也正式发布。《邻里公约》包含了十一项条款,从点滴生活场景入手,描绘了业主心中的美好生活场景,唤起了广大业主的强烈共鸣。从邻里见面时互道"你好""回见"等礼貌用语,到妥善处理生活垃圾;从停车时给他人预留空间到出入小区随手关门;从不去侵占属于全体业主的公共空间到尊重他人夜间休息的权利;从配合物业完善服务到积极参加社区活动。《邻里公约》还会根据每个社区的实际情况,由业主和物业共同进行调整和完善,打造更加和谐的社区环境。此外,万科还充分利用现代信息技术提升物业服务水平,例如,通过"住这儿"APP与业主签署邻里公约,并在线上建立荣誉榜、曝光台,评选出社区中的文明单元,以邻里间的情感去融化人际的冷漠。此外,还从业主中推选出"社区文明监督员",当发生邻里纠纷时,监督员可以及时介入进行调解。如果有住户表现出乱丢垃圾、高空抛物等不当行为,社区文明监督员也会以业主的身份配合物业对这些住户进行引导和规劝。

(2)业主共庆"朴里节",团结友爱促和谐。随着人们居住条件和生活方式的改变,邻里之间的关系逐渐淡漠。"朴里节"是万科为业主打造的互动舞台,目的是促进邻里关系回归到最朴素、最本真的状态。2017年是万科物业举办的第三届朴里节，主题是"邻居，你好！"。全国55个城市超过1200个社区均举办了朴里节，线下活动吸引了超过400万用户参与，规模之大远超往届。"朴里节"持续一个月的时间，在此期间，万科物业积极倡导每位业主从自身做起，成为与其他业主和谐相处、互助友爱的好邻居，让每个家庭都能感受到邻里的真情和节日的快乐。

万科物业始终坚持"安心、参与、信任、共生"的核心价值观，持续为业主提供专业优质的物业服务。以《邻里公约》、"朴里节"等为契机，努力消除业主间的陌生与隔阂，积极促进邻里间的关爱与互助，与广大业主共同打造出一个又一个文明自律、友爱互助的温馨社区，让更多业主感受到物业服务之美和幸福生活之美。

第九章 结束语

经济、社会和科学技术的飞速发展使企业的经营环境发生了深刻的改变，复杂多变的市场环境要求企业必须具备更强的环境适应能力和动态响应能力，能够通过快速整合内外部的优质资源为自身发展提供保障。正是在这样的背景下，企业的边界逐渐变得模糊，其经营管理也逐渐由封闭走向开放。顾客是企业收入和利润的主要来源，是企业最为重要的外部资源，在体验经济和消费升级的背景下，顾客正在改变自己在传统交易关系中所扮演的"被动接受者"的角色，更为积极、主动地按照自己的意愿和方式投入到产品或服务的价值共创中，以获得个性化、高收益的消费体验。

顾客参与价值共创的意义和作用已经在学界和业界达成了共识，然而，对于在管理实践中"如何有效地管理顾客价值共创行为"这一理论问题仍然需要开展深入而系统的研究。本书将顾客视为企业重要的外部人力资源，基于人力资源管理的相关理论，提出通过顾客选拔、顾客培训、顾客激励和顾客支持等手段实现外部顾客的"内部化"，从而使企业与顾客的价值共创活动更加趋于计划性、组织性和规范性。本书的研究成果和理论贡献主要体现在以下几个方面：

（1）针对顾客选拔问题，对价值共创中顾客（尤其是领先顾客）的角色和特征进行了分析。从研发、生产、营销等企业核心业务活动的视角，将价值共创中顾客的角色归纳为合作创新者、合作生产者和合作营销者，总结了上述角色承担的九种"工作任务"，即合作创新中的提出产品创意、参加产品设计、参与产品测评，合作生产中的选择产品配置、分担生产任务、兑现使用价值，合作营销中的参与营销策划、传播营销信息和提供技术支持。在此基础上，提出了领先用户具备的六个特征，即创新性、专业性、参与性、获利性、互动性和影响力。采用通行的量表开发程序，建立了领先用户的特征量表。进一步对领先用户角色与特征之间的对应关系进行了研究，结果表明：创新性和专业性是合作创新者的显著特征，参与性和获利性是合作生产者的重要特质，影响力和交互性是合作营销者的主要特点。

（2）针对顾客培训问题，对面向顾客的组织社会化与顾客价值共创行为之间的关系进行了研究。将面向顾客的组织社会化划分为组织文化社会化、角色社会化、技能社会化和人际社会化四个维度，建立了以面向顾客的组织社会化为自变量，以组织认同感、自我效能感和利得感为中介变量，以顾客价值共创行为为因变量的理论模型。利用自行开发的调查问卷进行数据收集，对提出的理论模型进行了实证检验。最后，基于实证研究结果探讨了面向顾客开展组织社会化的具体策略和方法，从而为企业有效地利用顾客资源进行价值共创提供有益的启示和借鉴。

（3）针对顾客支持问题，以社会支持和社会交换理论为依据，对价值共创中顾客的感知支持、关系承诺及其合作行为之间的关系进行了研究。基于对相关概念内涵的深入剖析，建立了反映各种顾客支持手段（功能性支持和情感性支持）、各类关系承诺（算计性承诺和情感性承诺）与顾客合作行为（参与行为和公民行为）之间关系的理论模型，并采用调查法对模型进行了实证检验。揭示了各种顾客支持手段和各类顾客合作行为之间的作用路径和作用效果,为企业设计恰当的顾客支持机制以引导顾客合作行为提供了有益的启示和借鉴。

(4)针对顾客沟通问题,提出了两种企业沟通策略,即价值提升策略和成本降低策略。以虚拟品牌社区为背景,采用实验法实证研究了两种沟通策略对顾客参与价值共创意愿的影响,以及顾客感知公平的中介作用。结果表明:企业实施沟通策略能显著增强顾客的共创意愿,其中价值提升沟通策略对顾客共创意愿的促进作用更强;顾客感知公平在价值提升沟通策略与顾客共创意愿之间起部分中介作用,在成本降低沟通策略与顾客共创意愿之间起完全中介作用。企业应通过广泛拓展沟通渠道、精心设计沟通内容等手段鼓励顾客参与企业的研发、生产及营销等活动,实现价值的共同创造。

(5)针对顾客参与价值共创的动机和激励问题,以虚拟品牌社区为研究背景,对领先用户和普通用户的参与动机进行了比较研究,结果表明:普通用户参与虚拟品牌社区的动机主要包括认知需求动机、休闲娱乐动机、社会交往动机和经济利益动机;领先用户参与虚拟品牌社区的动机主要包括认知需求动机、独特性需求动机、自我控制动机、休闲娱乐动机、社会交往动机和自我实现动机。同普通用户相比,独特性需求动机、自我控制动机和自我实现动机对虚拟品牌社区中领先用户参与行为的影响更为显著,经济利益动机对领先用户的参与行为没有显著影响。根据两类用户不同的参与动机,本书给出了具体的激励策略及建议。

(6)针对顾客间的互动问题,分析了顾客间互动对顾客价值共创意愿的影响,并引入顾客心理因素来进一步刻画二者之间关系的作用机制。基于社会支持理论和计划行为理论,通过分析顾客间互动的形式和内容,将其划分为学习型互动、情感型互动和合作型互动三个维度,建立了以顾客间互动为自变量,自我效能感、社会归属感为中介变量,顾客价值共创意愿为因变量的理论模型,提出了相关的研究假设。利用自行开发的调查问卷进行数据收集,通过数据分析对提出的理论模型进行了实证检验,并就如何有效促进顾客间互动,提升价值共创的效率提出了具体建议。

移动互联网和社交媒体的普及和应用为顾客参与价值共创提供了更加便捷的途径,使价值共创不断向深度和广度发展。未来,价值共创将表现出以下发展趋势:企业将更多的业务环节开放给顾客来提升价值共创的开放性;利用各种媒介和渠道加强与顾客的沟通和互动,从而增强价值共创的交互性;设计流程和机制来规范企业和顾客的合作行为,进而提升价值共创的协同性;制定有效的激励措施,设计丰富多彩的互动活动,提升价值共创的吸引力和趣味性。在这个过程中,需要对更多的理论和实践问题加以研究,例如,分析价值共创互动过程的具体特征,探讨如何使顾客按照企业的期望和要求参与价值共创,思考怎样传播价值共创事件来吸引更多的顾客参与价值共创等。针对上述问题开展深入研究将有助于企业更好地整合优质顾客资源,与顾客共同打造互助共赢的价值共创模式,为企业的持续发展提供新的动力和源泉。

参考文献

[1] Aarikka-Stenroos L, Jaakkola E. Value co-creation in knowledge intensive business services: A dyadic perspective on the joint problem solving process [J]. Industrial Marketing Management, 2012, 41(1): 15-26.

[2] Agrawal A K, Rahman Z. Roles and resource contributions of customers in value co-creation [J]. International Strategic Management Review, 2015, 3 (1-2): 144-160.

[3] Allen D G, Shanock L R. Perceived organizational support and embeddedness as key mechanisms connecting socialization tactics to commitment and turnover among new employees [J]. Journal of Organizational Behavior, 2013, 34 (3): 350-369.

[4] Antikainen M J, Vaataja H K. Rewarding in open innovation communities—how to motivate members [J]. International Journal of Entrepreneurship and Innovation Management, 2010, 11 (4): 440-445.

[5] Averill J R. Personal control over aversive stimuli and its relationship to stress [J]. Psychological Bulletin, 1973, 80 (8): 286-303.

[6] Ballantyne D, Varey R J. Creating value-in-use through marketing interaction: The exchange logic of relating, communicating and knowing [J]. Marketing Theory, 2006, 6 (3): 335-348.

[7] Baron R M, Kenny D A. The moderator-mediator variable distinction in social psychological research: Conceptual, strategic and statistical considerations [J]. Journal of Personality and Social Psychology, 1986, 51 (6): 1173-1182.

[8] Bettencourt L A. Customer voluntary performance: Customers as partners in service delivery [J]. Journal of Retailing, 1977, 73 (3): 383-406.

[9] Bitner M J, Faranda W T, Hubbert A R, et al. Customer contributions and roles in service delivery [J]. International Journal of Service Industry Management, 1990, 8 (3): 193-205.

[10] Bove L L, Pervan S J, Beatty S E, et al. Service worker role in encouraging customer organizational citizenship behaviors [J]. Journal of Business Research, 2009, 62 (7): 698-705.

[11] Bowen D E. Managing customers as human resources in service organizations [J]. Human Resource Management, 1986, 25 (3): 371-383.

[12] Bruhn M, Schnebelen S, Schäfer D. Antecedents and consequences of the quality of e-customer-to-customer interactions in B2B brand communities [J]. Industrial Marketing Management, 2014, 43 (1): 164-176.

[13] Büttgen M, Schumann J H, Ates Z. Service locus of control and customer coproduction: The role of prior service experience and organizational socialization [J]. Journal of Service Research, 2012, 15 (2): 166-181.

[14] Cassidy K, Baron S, Elliott D. Marketing managers' perceptions of value cocreation [J]. Journal of Retailing, 2013, 5 (1): 4-16.

[15] Cermak D S P, File K M, Prince R A. Customer participation in service specification and delivery [J]. Journal of Applied Business Research, 2011, 10 (2): 90-97.

[16] Chan K, Yim C, Lam S. Is customer participation in value creation a double-edged sword? Evidence from professional financial services across cultures [J]. Journal of Marketing, 2010, 74 (3): 48-88.

[17] Chao G T, Oleary A M, Wolf S. Organizational socialization: It's content and consequences [J]. Journal of Applied Psychology, 1994, 79 (5): 730-743.

[18] Chen K. Technology-based service and customer satisfaction in developing countries [J]. International Journal of Management, 2005, 22 (2): 307-318.

[19] Claycomb C, Lengnick-hall C A, Inks L W. The customer as a productive resource: A pilot study and strategic implications [J]. Journal of Business Strategies, 2001, 18 (1): 47-69.

[20] Cobb S. Social support as a moderator of life stress [J]. Psychosomatic Medicine, 1976, 38 (5): 300-314.

[21] Cohen S. Social relationships and health [J]. American Psychologist, 2004, 59 (8): 676-684.

[22] Cox D. A collaborative customer communications strategy keeps you in control [J]. Electric Light and Power, 2011, 89 (6): 60-61.

[23] Dholakia U M, Bagozzi P, Pearo L K. A social influence model of consumer participation in network and small-group-based virtual communities [J]. International Journal of Research in Marketing, 2004, 21 (19): 241-263.

[24] Eisenberger R, Huntington R, Hutchison S. Perceived organizational support [J]. Journal of Applied Psychology, 1986, 71 (3): 500-507.

[25] Ennew C T, Binks M R. Impact of participative service relationship

on quality satisfaction and retention: An exploratory study [J]. Journal of Business Research, 1999, 46 (2): 121-132.

[26] Etgar M. A descriptive model of the consumer co-production process [J]. Journal of the Academy of Marketing Science, 2008, 36 (1): 97-108.

[27] Filieri R. Consumer co-creation and new product development: A case study in food industry [J]. Marketing Intelligence & Planning, 2013, 31 (1): 40-53.

[28] Franke N, Schreler M, Kaiser U. The "I designed it myself" effect in mass customization [J]. Management Science, 2010, 56 (1): 125-140.

[29] Füller J, Jawecki G, Muhlbacher H. Innovation creation by online basketball communities [J]. Journal of Business Research, 2007, 60 (1): 60-71.

[30] Ganesan S, Brown S P, Mariadoss B J, et al. Buffering and amplifying effects of relationship commitment in business-to-business relationships [J]. Journal of Marketing Research, 2010, 47 (2): 361-373.

[31] Georgi D, Mink M. ECCIQ: The quality of electronic customer-to-customer interaction [J]. Journal of Retailing & Consumer Services, 2013, 20 (1): 11-19.

[32] Grissemann U S, Stokburger-sauer N E. Customer co-creation of travel services: The role of company support and customer satisfaction with the co-creation performance [J]. Tourism Management, 2012, 33 (6): 1483-1492.

[33] Grönroos C, Voima P. Critical service logic: Making sense of value creation and co-creation [J]. Journal of the Academy of Marketing Science, 2013, 41 (2): 133-150.

[34] Grönroos C. A service perspective on business relationships: The

value creation, interaction and marketing interface [J]. Industrial Marketing Management, 2011, 40 (2): 240-247.

[35] Groth M. Customers as good soldiers: Examining citizenship behaviors in internet service deliveries [J]. Journal of Management, 2005, 31 (1): 7-27.

[36] Gruen T W, Summers J O, Acito F. Relationship marketing activities, commitment, and membership behaviors in professional associations [J]. Journal of Marketing, 2000, 64 (3): 34-49.

[37] Gummesson E, Mele C. Marketing as value co-creation through network interaction and resource integration [J]. Journal of Business Market Management, 2010, 4 (4): 181-198.

[38] Guo L, Arnould E J, Gruen T W, et al. Socializing to co-produce pathways to consumers' financial well-being [J]. Journal of Service Research, 2013, 16 (4): 549-563.

[39] Halbesleben J B R, Buckley M R. Managing customers as employees of the firm: New challenges for human resources management [J]. Personnel Review, 2004, 33 (3): 351-372.

[40] Halbesleben J B R, Stoutner O K. Developing customers as partial employees: Predictors and outcomes of customer performance in a services context [J]. Human Resource Development Quarterly, 2013, 24 (3): 313-335.

[41] Hanna R, Rohm A, Crittenden V L. We're all connected: The power of the social media ecosystem [J]. Business Horizons, 2011, 54: 265-273.

[42] Harrigan P, Evers U, Miles M, et al. Customer engagement with tourism social media brands [J]. Tourism Management, 2017 (59): 597-609.

[43] Haueter J A, Macan T H, Winter J.Measurement of newcomer so-

cialization: Construct validation of a multidimensional scale [J]. Journal of Vocational Behavior, 2003, 63 (1): 20-39.

[44] Haumann T, Güntürkün P, Wieseke J, et al. Engaging customers in co-production processes: How value-enhancing and intensity-reducing communication strategies mitigate the negative effects of co-production intensity [J]. Journal of Marketing, 2015 (79): 17-33.

[45] Heidenreich S, Handrich M. Adoption of technology based services: The role of customers' willingness to co-create [J]. Journal of Service Management, 2015, 26 (1): 44-71.

[46] Heinonen K. Consumer activity in social media: Managerial approaches to consumers' social media behavior [J]. Journal of Consumer Behaviour, 2011 (10): 356-364.

[47] Hennig-thurau T, Honebein P, Aubert B. Unlocking product value through customer education [C]. San Antonio: AMA Winter Educators' Conference, 2005: 136-137.

[48] Hoyer W D, Chandy R, Dorotic M, et al. Customer cocreation in new product development [J]. Journal of Service Research, 2010, 13 (3): 283-296.

[49] Hsu C L, Luhsi P. Consumer behavior in online game communities: A motivational factor perspective [J]. Computers in Human Behavior, 2007, 23 (3): 1642-1659.

[50] Hua Y, Kankanhalli A. User service innovation on mobile phone platforms: Investigating impacts of lead userness, toolkit support and design autonomy [J]. Mis Quarterly, 2018, 42 (1): 165-187.

[51] Janzik L, Herstatt C. Innovation communities: Motivation and incen-

tives for community members to contribute [C]. IEEE International Conference on Management of Innovation and Technology. IEEE, 2008: 350-355.

[52] Jarvenpaa S L, Tuunainen V K. How finnair socialized customers for service co-creation with social media [J]. MIS Quarterly Executive, 2013, 12 (3): 125-136.

[53] Kelley W, Donnelly J H, Skinner S J. Customer participation in service production and delivery [J]. Journal of Retailing, 1996, 66 (3): 315-334.

[54] Kellogg D L, Youngdahl W E, Bowen D E. On the relationship between customer participation and satisfaction: Two frameworks [J]. International Journal of Service Industry Management, 1997, 8 (3): 206-219.

[55] Kratzer J, Lettl C, Franke N, et al. The social network position of lead users [J]. Journal of Product Innovation Management, 2016, 33 (2): 1111-1117.

[56] Laukkanen T, Sinkkonen S, Laukkanen P. Communication strategies to overcome functional and psychological resistance to internet banking [J]. International Journal of Information Management, 2009, 29 (2): 111-118.

[57] Lettl C, Herstatt C, Gemuenden H G. Users' contributions to radical innovation: Evidence from four cases in the field of medical equipment technology [J]. R&D Management, 2006, 36 (3): 251-272.

[58] Libai B, Bolton R, Bugel M S, et al. Customer-to-customer Interactions: Broadening the scope of word of mouth research [J]. Journal of Service Research, 2010, 13 (3): 267-282.

[59] Lüthje C. Characteristics of innovating user in a consumer goods fields: An empirical study of sport-related product consumer [J]. Technovation, 2004, 24

(9): 683-695.

[60] Mael F A, Tetrick L E. Identifying organizational identification [J]. Educational and Psychology Measurement, 1992, 52 (4): 813-824.

[61] Marique G, Stinglhamber F, Desmette D, et al. The relationship between perceived organizational support and affective commitment: A social identity perspective [J]. Group & Organization Management, 2013, 38 (1): 68-100.

[62] Mccoll-kennedy J R, Hogan S J, Witell L, et al. Cocreative customer practices: Effects of health care customer value cocreation practices on well-being [J]. Journal of Business Research, 2016, 70 (1): 55-66.

[63] Mcneal J. Consumer education as a competitive strategy [J]. Business Horizons, 1978, 21 (1): 50-56.

[64] Meer C G. Customer education [M]. Chicago: Nelson-Hall, 1984.

[65] Mende M, Bolton R N, Bitner M J. Decoding customer-firm relationships: How attachment styles help explain customers' preferences for closeness, repurchase intentions, and changes in relationship breadth [J]. Journal of Marketing Research, 2013, 50 (1): 125-142.

[66] Meyer J P, Allen N J. A three-component conceptualization of organizational commitment [J]. Human Resource Management Review, 1991, 1 (1): 61-89.

[67] Mikula G, Klaus R, Athenstaedt U. The role of injustice in the elicitation of differential emotional reactions [J]. Personality and Social Psychology Bulletin, 1998, 24 (7): 769-783.

[68] Mills P K, Morris J H. Clients as "partial" employees of service organizations: Role development in client participation [J]. Academy of Man-

agement Review, 1986, 11 (4): 726-735.

[69] Moisio R, Arnould E J, Gentry J W. Productive consumption in the class-mediated construction of domestic masculinity: Do-it-yourself (DIY) home improvement in man's identity work [J]. Journal of Consumer Research, 2013, 40 (2): 298-316.

[70] Morrison P D, Robert J H, Midgley D F. The nature of lead users an measurement of leading edge status [J]. Research Policy, 2004, 33 (2): 351-362.

[71] Morrison P, Roberts J H, Midgley D F. Opinion leadership amongst leading edge users [J]. Australian Marketing Journal, 2000, 8 (1): 5-14.

[72] Mustak M, Jaakkola E, Halinen A, et al. Customer participation management: Developing a comprehensive framework and a research agenda [J]. Journal of Service Management, 2016, 27 (3): 250-275.

[73] Mustak M, Jaakkola E, Halinen A. Customer participation and value Creation: A systematic review and research implications [J]. Managing Service Quality, 2013, 23 (4): 341-359.

[74] Nambisan S, Baron R A. Virtual customer environments: Testing a model of voluntary participation in value co-creation activities [J]. Journal of Product Innovation Management, 2009, 26 (4): 388-406.

[75] Nambisan, S. Designing virtual customer environments for new product development: Toward a theory [J]. Academy of Management Review, 2002, 27 (3): 392-413.

[76] Neghina C, Caniels M C J, Bloemer J M M. Value co-creation in service interactions: Dimensions and antecedents [J]. Marketing Theory, 2014, 15 (2): 221-242.

[77] Netemeyer R G, Heilman C M, Maxham J G. Identification with the retail organization and customer-perceived employee similarity: Effects on customer spending [J]. Journal of Applied Psychology, 2012, 97 (5): 1049-1058.

[78] Nicholls R. New directions for customer-to-customer interaction research [J]. Journal of Services Marketing, 2010, 24 (1): 87-97.

[79] Noel J L, Ulrich D, Mercer S V. Customer education: A new frontier for human resource development [J]. Human Resource Management, 1990, 29 (4): 411-434.

[80] Pansari A, Kumar V. Customer engagement: The construct, antecedents, and consequences [J]. Journal of the Academy of Marketing Science, 2017, 45 (3): 1-18.

[81] Payne A F, Storbacka K, Frow P. Managing the Co-creation of Value [J]. Journal of the Academy of Marketing Science, 2008, 36 (1): 83-96.

[82] Prahalad C K, Ramaswamy V. Co-creation experiences: The next practice in value creation [J]. Journal of Interactive Marketing, 2004, 3 (1): 5-14.

[83] Rodi A R, Kleine S S. Customer participation in services production and delivery in Swart [M]. Handbook of Services Marketing and Management. California Sage Publications, 2000: 257-261.

[84] Rosenbaum M S. Exploring the social supportive role of third places in consumers' lives [J]. Journal of Service Research, 2006, 9 (1): 59-72.

[85] Rusbult C E. Commitment and satisfaction in romantic associations: A test of the investment model [J]. Journal of Experimental Social Psychology, 1980, 16 (2): 172-186.

[86] Sawhney M, Verona G, Prandelli E. Collaborating to create: The internet as a platform for customer engagement in product innovation [J]. Journal of Interactive Marketing, 2005, 19 (4): 4-17.

[87] Schein E H. Organizational socialization and the professional management [J]. Industrial Management Review, 1968, 9 (4): 1-16.

[88] Schreier M, Prügl R. Extending lead-user theory: Antecedents and consequences of consumer's lead userness [J]. Journal of Product Innovation Management, 2008, 25 (4): 331-346.

[89] Schwarzer R, Born A. Optimistic self-beliefs: Assessment of general perceived self-efficacy in thirteen cultures [J]. World Psychology, 1997, 3 (1-2): 177-190.

[90] Shamim A, Ghazali Z, Albinsson P A. Construction and validation of customer value co-creation attitude scale [J]. Journal of Consumer Marketing, 2017, 34 (7): 131-153.

[91] Shumaker S A, Brownell A. Toward a theory of social support: Closing conceptual gaps [J]. Journal of Social Issues, 1984, 40 (4): 11-36.

[92] Snyder C R, Fromkin H L. Abnormality as a positive characteristic: The development and validation of a scale measuring need for uniqueness [J]. Journal of Abnormal Psychology, 1977, 86 (10): 518-527.

[93] Straus L, Robbert T, Roth S. Customer participation in the customization of services: Effects on satisfaction and behavioral intentions [J]. Journal of Business Market Management, 2016, 9 (1): 498-517.

[94] Sweeney J C, Danaher T S, Mccoll-kennedy J R. Customer effort in value cocreation activities: Improving quality of life and behavioral intentions of health care customers [J]. Journal of Service Research, 2015, 18 (3):

1419-1424.

[95] Teo T S H, Lim V K G, Lai R Y C. Intrinsic and extrinsic motivation in Internet usage [J]. Omega, 1999, 27 (1): 25-37.

[96] Vargo S L, Lusch R F. Evolving to a new dominant logic for marketing [J]. Journal of Marketing, 2004a, 68 (1): 1-17.

[97] Vargo S L, Lusch R F. Service dominant logic: Continuing the evolution [J]. Journal of the Academy of Marketing Science, 2008, 36 (1): 1-10.

[98] Verleye1 K, Gemmel P, Rangarajan D. Managing engagement behaviors in a network of customers and stakeholders: Evidence from the nursing home sector [J]. Journal of Service Research, 2013, 17 (1): 68-84.

[99] Vernette E, Béji-bécheur A, Gollety M, et al. Lead-users in marketing: Questions and new psychometric contributions [J]. Research and Applications of Marketing, 2013, 28 (4): 3-25.

[100] Von Hippel E, Von Krogh G. Open source software and the "private-collective" innovation model: Issues for organization science [J]. Organization Science, 2002, 14 (2): 209-223.

[101] Von Hippel E. Lead users: A source of novel product concepts [J]. Management Science, 1986, 32 (7): 791-805.

[102] Wu C H. A Re-examination of the antecedents and impact of customer participation in service [J]. The Service Industries Journal, 2011, 31 (6): 863-876.

[103] Yang Y C. High-involvement human resource practices, affective commitment and organizational citizenship behaviors [J]. The Service Industries Journal, 2012, 32 (8): 1209-1227.

[104] Yi Y, Gong T. Customer value co-creation behavior: Scale devel-

opment and validation [J]. Journal of Business Research, 2013, 66 (9): 1279-1284.

[105] Yin C Y, Yang X. The impact of customer education on customer participation, functional service quality and trust in restaurant services [J]. International Journal of Services, Economics and Management, 2009, 1 (3): 233-249.

[106] Yong S H, Kang M. Extending lead user theory to users' innovation-related knowledge sharing in the online user community: The mediating roles of social capital and perceived behavioral control [J]. International Journal of Information Management, 2016, 36 (4): 520-530.

[107] Zeithaml V A. How consumer evaluation processes differ between goods and services [J]. Marketing of Services, 1981, 9 (1): 25-32.

[108] Zolfaghariana M A, Sheng X J. The CCP scale: Measuring customer co-production of services [J]. Services Marketing Quarterly, 2012, 33 (3): 211-229.

[109] 常静, 杨建梅. 百度百科用户参与行为与参与动机关系的实证研究 [J]. 科学学研究, 2009, 27 (8): 1213-1218.

[110] 陈卫旗. 组织与个体的社会化策略对人——组织价值匹配的影响 [J]. 管理世界, 2009 (3): 99-110.

[111] 陈钰芬, 陈劲. 用户参与创新: 国外相关理论文献综述 [J]. 科学学与科学技术管理, 2007, 28 (2): 52-56.

[112] 戴维·迈尔斯. 社会心理学 (第8版) [M]. 北京: 人民邮电出版社, 2010: 126-138.

[113] 范钧, 孔静伟. 国外顾客公民行为研究 [J]. 外国经济与管理, 2009, 31 (9): 47-52.

[114] 范秀成, 杜琰琰. 顾客参与是一把"双刃剑"——顾客参与影响价值创造的研究述评 [J]. 管理评论, 2012, 12 (12): 64-71.

[115] 范秀成, 王静. 顾客参与服务创新的激励问题——理论、实践启示及案例分析 [J]. 中国流通经济, 2014, 28 (10): 79-86.

[116] 邰蒙, 赵晓煜, 赵云云. 价值共创中企业沟通策略对顾客共创意愿的影响 [J]. 技术经济, 2017, 36 (12): 30-37.

[117] 葛米娜, 范钧, 彭聪. 用户价值共创过程中的创造力形成机制 [J]. 技术经济, 2017, 36 (4): 46-52.

[118] 郭云贵, 张丽华. 组织社会化对工作投入的影响机理研究——基于认同理论视角 [J]. 软科学, 2016, 30 (4): 69-73.

[119] 胡春, 王艳, 吴洪. 基于虚拟社区领先用户视角的价值共创研究 [J]. 北京邮电大学学报 (社会科学版), 2017, 19 (1): 29-36.

[120] 黄敏学, 周学春. 顾客教育、就绪和参与研究: 以基金为例 [J]. 管理科学, 2012, 32 (5): 66-75.

[121] 贾薇, 张明立, 王宝. 服务业中顾客参与对顾客价值创造影响的实证研究 [J]. 管理评论, 2011, 23 (5): 61-70.

[122] 简兆权, 令狐克睿. 虚拟品牌社区顾客契合对价值共创的影响机制 [J]. 管理学报, 2018, 15 (3): 326-334.

[123] 金立印. 服务接触中的员工沟通行为与顾客响应——情绪感染视角下的实证研究 [J]. 经济管理 (新管理), 2008, 30 (18): 28-35.

[124] 李海舰, 王松. 客户内部化研究——基于案例的视角 [J]. 中国工业经济, 2009 (10): 127-137.

[125] 李志兰. 顾客间互动研究综述与展望 [J]. 外国经济与管理, 2015 (12): 73-85.

[126] 刘洪深，黎建新，徐岚，张辉.顾客组织社会化对顾客满意影响的作用机制研究——基于双边数据的实证检验[J].软科学，2013，27（4）：141-144.

[127] 彭艳君.顾客参与量表的构建和研究[J].管理评论，2010，22（3）：78-85.

[128] 申光龙，彭晓东，秦鹏飞.虚拟品牌社区顾客间互动对顾客参与价值共创的影响研究——以体验价值为中介变量[J].管理学报，2016，13（12）：1808-1816.

[129] 苏楠，吴贵生.领先用户主导创新：自主创新的一种新模式——以神华集团高端液压支架自主创新为例[J].科学学研究，2011，29（5）：771-778.

[130] 谭国威，马钦海.顾客能力对共创价值的作用路径[J].技术经济，2017，36（6）：66-71.

[131] 滕飞，李雪莲.组织社会化策略对员工组织认同的影响机制[J].管理学刊，2017，30（4）：41-49.

[132] 汪涛，郭锐.商业友谊对关系品质和顾客忠诚的影响之研究[J].商业经济与管理，2006（9）：35-41.

[133] 汪涛，张辉，刘洪深.顾客组织社会化研究综述与未来展望[J].外国经济与管理，2011，33（2）：33-40.

[134] 汪旭晖，陈鑫.用户生成内容的图文匹配对消费者感知有用性的影响[J].管理科学，2018，31（1）：101-115.

[135] 王海忠，闫怡.顾客参与新产品构思对消费者自我—品牌联结的正面溢出效应：心理模拟的中介作用[J].南开管理评论，2018（1）：132-145.

[136] 王莉,方澜,顾锋.客户网上参与产品开发的动机研究[J].研究与发展管理,2007,19(6):17-23.

[137] 王明辉.企业员工组织社会化内容结构及其相关研究[D].暨南大学博士学位论文,2006.

[138] 王雁飞,朱瑜.组织社会化与员工行为绩效——基于个人—组织匹配视角的纵向实证研究[J].管理世界,2012(5):109-124.

[139] 魏晓燕.高技术社会消费活动的演变趋势分析[J].华中科技大学学报(社会科学版),2011,25(2):70-75.

[140] 吴伟伟,刘业鑫,刘康佳.人—组织匹配对创新行为的内在影响机制研究[J].工业技术经济,2017,36(12):63-68.

[141] 武文珍,陈启杰.价值共创理论形成路径探析与未来研究展望[J].外国经济与管理,2012,34(6):66-74.

[142] 谢礼珊,申文果,梁晓丹.顾客感知的服务公平性与顾客公民行为关系研究——基于网络服务环境的实证调研[J].管理评论,2008,20(6):17-24.

[143] 徐岚,方国斌,崔楠.保险业顾客社会化策略研究[J].保险研究,2012(11):82-87.

[144] 徐岚,张磊,官翠玲等.顾客主动社会化对顾客遵从和医疗服务结果满意度的影响研究[J].管理学报,2018,15(3):427-433.

[145] 徐岚.顾客为什么创造——消费者参与创造的动机研究[J].心理学报,2007,39(2):343-354.

[146] 杨波,刘伟.基于应用扩展和网络论坛的领先用户识别方法研究[J].管理学报,2011,8(9):1353-1359.

[147] 杨依依,陈荣秋.从封闭创新到开放创新——顾客角色、价值及管理对策[J].科学学与科学技术管理,2008(3):115-119.

[148] 杨志勇，王永贵.顾客沟通对顾客合作意愿的影响研究 [J].山西财经大学学报，2013（6）：32-41.

[149] 张红霞，高宏志.与消费者共创品牌价值——利用社交媒体实现品牌价值共享与内化 [J].北大商业评论，2014（10）：61-67.

[150] 张婧，邓卉.品牌价值共创的关键维度及其对顾客认知与品牌绩效的影响：产业服务情境的实证研究 [J].南开管理评论，2013，16（2）：104-115.

[151] 张婧，何勇.服务主导逻辑导向与资源互动对价值共创的影响研究 [J].科研管理，2014，35（1）：115-122.

[152] 张燚，李冰鑫，刘进平.网络环境下顾客参与品牌价值共创模式与机制研究——以小米手机为例 [J].北京工商大学学报（社会科学版），2017，32（1）：61-72.

[153] 张振刚，李云健.管理沟通：理念、方法与技能 [M].北京：机械工业出版社，2014.

[154] 张正堂，叶迎春.基于人与组织匹配的招聘模式 [J].财经问题研究，2006（3）：92-96.

[155] 赵卫宏，王东.虚拟品牌社区消费者参与动机研究：中国消费者视角 [J].企业经济，2011（7）：58-62.

[156] 赵武，李馥萌，高樱，秦鸿鑫.个体—组织匹配、内隐协调对跨功能团队创造力的影响：内部人身份感知的调节效应 [J].科学学与科学技术管理，2016，37（12）：149-160.

[157] 赵晓煜，曹忠鹏，刘汝萍.服务企业的顾客教育对顾客参与行为的影响研究 [J].管理学报，2013，10（11）：1648-1657.

[158] 赵晓煜，曹忠鹏，张昊.服务场景中的社会要素与顾客行为 [M].北京：经济科学出版社，2012.

[159] 赵晓煜,孙福权.网络创新社区中顾客参与创新行为的影响因素[J].技术经济,2013,32(11):14-20.

[160] 赵晓煜,孙福权.协同创新社区中领先用户的自动识别方法[J].武汉理工大学学报(信息与管理工程版),2014,36(4):537-540.